JOURNAL

DE LA

CAMPAGNE
DU ROI

EN

MDCCXLVI.

Contenant ſes Entrées dans Bruxelles, dans Malines & dans Anvers ; le journal du Siége de la Citadelle d'Anvers, & tous les mouvemens des deux Armées depuis l'arrivée du Roi en Brabant, juſqu'à ſon départ : Le détail des préparatifs faits à Mons pour l'Entrée de ce Monarque : Et un grand nombre de Remarques.

A ANVERS.

MDCCXLVII.

AVERTISSEMENT

SUR CE JOURNAL.

LA conquête du Brabant est un évenement très-avantageux en lui-même, & il est devenu plus intéressant encore par ses circonstances.

Il est avantageux en ce qu'il reserre de plus en plus l'Armée des Alliés, & en ce qu'il la prive des moyens de subsister commodément dans un Pays très-fertile : En privant les Alliés de cet avantage, cette conquête le procure aux François, & elle leur ouvre la

A

porte à des exploits ultérieurs, en cas que les Cours de Londres, de Vienne & de la Haye s'obstinent à refuser les propositions raisonnables de paix qu'on leur a faites.

Cet évenement est très - intéressant par ses circonstances, en ce qu'il a fourni à un million d'habitans des Provinces conquises, l'occasion de faire éclater non - seulement la vénération qu'ils ont pour leur Conquerant, mais encore l'amour qu'ils ont pour un Prince après la domination duquel ils soupirent, quoiqu'ils n'aient pas eû encore le bonheur de le posseder, & l'antipatie qu'ils ont pour des voisins d'une Religion différente de

la leur, & dont la principale
politique confiste à les priver
éternellement des moyens qui
peuvent faciliter le rétabliffe-
ment du commerce dans les
Pays-Bas Autrichiens.

J'ai cru faire plaifir aux Nations foumifes aux Bourbons,
& qui s'intéreffent à leur gloire, en leur apprennant qu'elles
ne font pas les feules à cherir
leur doux empire, & en leur
rendant compte des marques
publiques que les Peuples des
Pays-Bas viennent de donner
de leurs fentimens intérieurs
envers le Roi & envers fon
augufte Famille : C'eft là le
principal objet de la premiere
Partie de ce Journal.

Les Relations des Entrées

du Roi dans Bruxelles & dans Anvers, dont il a été fait plufieurs Edditions, fe retrouvent ici avec des corrections & des aditions propres à en faire un monument hiftorique dign de la curiofité du Public.

JOURNAL

DE LA

CAMPAGNE

DU ROI

EN M. DCC. XLVI.

LE ROI partit de Verſailles le 2
Mai vers les deux heures du matin , coucha le même jour à Arras
où il arriva à cinq heures & demie,
& fut reçû par les Magiſtrats avec les
cérémonies accoutumées. Sur le ſoir,
le Duc d'York , qui a pris le nom de
Comte d'Albanie, lui vint faire ſa cour.

    Le lendemain 3 il arriva à Gand,
où il paſſa la nuit. Le Corps des Ulans
de Monſieur le Maréchal de Saxe
fut au devant juſqu'auprès de Deinſe,
& augmenta ſon Eſcorte juſqu'à Gand.

A v

Le 4 le Roi partit de Gand à huit heures & demie, escorté par de gros Détachemens de sa Maison, & par les mêmes Ulans qui le quitterent à Aloft.

La crainte de la pluie empêcha plusieurs habitans de Bruxelles d'exposer leurs plus belles Tapisseries. Cependant les rues par où le Roi passa, furent parfaitement bien ornées. On voyoit regner par-tout une variété qui formoit un coup d'œil charmant ; & plusieurs rues, sans la moindre exagération, étoient parées avec autant de soin & de propreté, qu'on pare les Eglises pour les Fêtes les plus solemnelles.

Depuis la Porte de Flandres jusqu'à l'Eglise Collegiale de Sainte Gudule, & depuis cette Eglise jusqu'à l'Hôtel d'Egmont, préparé pour le logement du Roi, une partie des maisons étoit tendue de Tapisseries, parmi lesquelles il y en avoit beaucoup de magnifiques. (*) L'autre partie étoit couverte d'une quantité étonnante de Tableaux de tous les genres & de toutes les grandeurs. Ces Tapisseries & ces Tableaux garnissoient presque toujours jusqu'au

---

(*) Il y en a à Bruxelles plusieurs grandes Manufactures.

troisiéme étage , & très-souvent couvroient la façade des maisons jusqu'au
toit. Le tout étoit entremêlé d'Ana-
grammes , de Chronographes , d'Inscriptions , de bras avec des glaces , de
piéces d'étoffe qui formoient des fes-
tons & d'autres ornemens autour des
fenêtres , de banderoles de toutes les
couleurs , d'orangers & de lauriers de
plusieurs sortes dans leurs caisses , &
d'une très-jolie verdure faite avec du
hou , ou de la mousse. Cette verdure
dominoit dans presque toutes les rues ,
où le Roi devoit passer.

La Porte avancée de Flandres étoit
couverte d'une pareille verdure , &
couronnée de banderoles , avec cette
Inscription :

REGI VRBEM GLORIOSE INGREDIENTI

SENATVS POPVLVSQVE BRVXELLENSIS. (*a*)

Le Sénat & le Peuple de Bruxelles au Roi , qui fait
son entrée triomphante dans leur Ville.

(*a*) En écrivant *Bruffellenfis* , ainsi qu'il y avoit
sur la Porte , & dans les Relations , le Chronographe seroit faux. Pour déchifrer les Chronographes , pour lesquels les Flamands & les Al-
lemands ont beaucoup de goût , prenez toutes
les lettres propres à servir de chiffres Romains ,
commencez par les M , & il en resultera MDLL-
LLXVVVVVVVIIIIII.

Vers le milieu de la rue de Flandres, on avoit élevé un Arc de triomphe. La façade de la porte repréſentoit un Trophée d'Armes, les armes & le chiffre du Roi, & les figures de Mars & de Bellonne. Au deſſous il y avoit cette Inſcription :

LUDOVICO VICTORI.

Heroum , Lodoïce , decus , victricia lauro
Tempora cinctus ades. Generoſo Marte ſubactam
Adverſus ventos tempeſtateſque furentes ,
Ingredere hanc urbem. Tanti præſentia Regis
Regales ſpondet Patria Populoque favores.

A LOUIS LE VICTORIEUX.

LOUIS, l'honneur des Héros, vous venez à nous couronné de glorieux lauriers. Entrez dans cette Ville conquiſe par un nouveau Mars, malgré les tempêtes & la rigueur des ſaiſons. La préſence d'un ſi grand Roi eſt pour la Patrie & pour le Peuple, un gage des plus inſignes faveurs.

Sur la porte de l'Hôtel de Ville, on avoit placé un portrait du Roi ſous un dais, & au deſſous du portrait, on avoit mis cette autre Epigramme :

LUDOVICO POPULIS GRATIOSO.

Vincere Borboniis laus est communis ; at esse

Delicium Populi gloria prima tua est.

Illustres solo Preavi Mavorte triumphent ,

Te laus majorem multiplicata facit.

A LOUIS BIEN-AIME' DES PEUPLES.

Vaincre est une gloire commune à tous les Bourbons, mais être les délices des Peuples est une gloire qui vous est particuliere. Que vos illustres Ancêtres aient triomphé par les seuls exploits militaires , votre gloire est d'autant plus supérieure à la leur, que vous leur êtes supérieur par un plus grand nombre de vertus. (a)

La fontaine qui est vis-à-vis l'Hôtel de Ville du côté du Palais du Roi, étoit couronnée par un Neptune , & ornée de verdure & de banderoles.

On avoit construit un second Arc de triomphe à la montagne de la Cour. On y lisoit cette Inscription :

LUDOVICO MITI EXPUGNATORI BRUXELLÆ.

Dum , Lodoice , meas expugnas fortiter arces ,

Prælia Mars & Amor , victor uterque , gerit.

Sic capior , non usta tamen. Conformia Regi

Bella gerit Mavors qua moderatur Amor.

(a) Le dais, le portrait & l'inscription furent laissés pendant tout le tems que le Roi resta dans Bruxelles.

LA VILLE DE BRUXELLES
A LOUIS SON CLEMENT VAINQUEUR.

LOUIS, tandis que votre valeur foumet mes fortereſſes, Mars & l'Amour des Peuples combattent à la fois. Je ſuis foumiſe ſans être devenue la proie des flammes. C'eſt pour ſe conformer au naturel du Roi, que Mars tempére les horreurs de la guerre par l'amour paternel.

Les autres côtés des deux Arcs de triomphe étoient entiérement revêtus d'une verdure qui faiſoit un fort bel effet, de même que la fauſſe porte de Namur.

Les rues étoient ſablées depuis la Porte de Flandres juſqu'à l'Hôtel d'Egmont, & bordées par les Régimens de Picardie & de Plémont, rangés en haie depuis la même Porte juſqu'à l'Egliſe de Sainte Gudule ; & depuis cette Egliſe juſqu'au Palais où le Roi logea, elles étoient bordées par les Régimens d'Auvergne & de Normandie, & par des détachemens de Gardes Françoiſes & Suiſſes. (a)

____

(a) La même choſe a été pratiquée dans toutes les Villes où le Roi a fait ſon entrée. Les rues ont été ſablées, & bordées par les Regimens des Gardes Françoiſes & Suiſſes, & par d'autres Corps qui s'y ſont trouvés en garniſon ; ou qu'on a fait venir exprès du Camp.

Monsieur le Baron de Cano & de Meghem, premier Bourguemaitre, accompagné de tout le Corps de Ville, se rendit entre onze heures & midi, pour attendre l'arrivée de Sa Majesté, à une loge construite entre la barriere & la palissade de la Porte de Flandres. On avoit élevé vis-à-vis une autre loge pour les Trompettes & pour les Timballiers de la Ville. La premiere étoit tapissée en dedans, & la seconde étoit revêtue de verdure.

Le Roi arriva vers les deux heures & un quart à la premiere barriere, & lorsqu'elle fut à la loge préparée pour lui donner les clefs, Monsieur le Comte de Lowendal, comme Gouverneur de la Ville & représentant celui de Brabant, (*a*) prit les clefs de la Ville, qui étoient d'argent doré, & dans un bassin, & les présenta à Sa Majesté, qui les remit à un des Seigneurs de sa suite. (*b*)

____

(*a*) Le Duché de Brabant n'a jamais de Gouverneur particulier ; il est immédiatement soumis au Gouverneur Général des Pays-Bas Autrichiens : Gouvernement réduit actuellement aux Provinces de Namur, de Luxembourg & de Limbourg.

(*b*) Ces circonstances, quoique très-véritables, ont été supprimées par les ordres de quelques

Elle fut haranguée vis-à-vis la loge par Monſieur Lion, Penſionnaire de la Ville. Il aſſura le Roi, au nom du Corps & des Habitans pour leſquels il portoit la parole, qu'ils auroient pour lui la même fidélité qu'ils avoient toujours eûe pour leurs anciens Souverains. Les fanfares empêchant Sa Majeſté de bien entendre ſon diſcours, elle fit un ſigne pour les faire taire.

Membres du Conſeil Supérieur de Brabant : Voici comme ils ont fait changer cet article.

Lorſqu'elle fut à la loge préparée pour lui donner les clefs, Monſieur le Baron de Cano & de Meghem, premier Bourguemaitre, préſenta à Sa Majeſté les clefs de cette Ville, qui étoient dans un baſſin, qui les remit (liſez : Le Roi les remit) à un des Seigneurs de ſa ſuite. On a fait tirer vingt-cinq exemplaires de cette Relation, avec ce changement.

Le but des Correcteurs, eſt de ſupprimer un fait qui déroge au privilége que les Magiſtrats de Bruxelles ont de préſenter au Souverain les clefs de leur Ville, & à la poſſeſſion où ils étoient, avant la révolution, de joüir de ce privilége, de garder ces clefs, & conſéquemment de faire garder leur Ville par la Bourgeoiſie.

Le Roi en conſervant les autres priviléges des Villes conquiſes, a crû devoir déroger à celui-là ; parce qu'en effet il ſeroit dangereux de confier la garde des Places fortes, à des Bourgeoiſies dont la fidélité n'eſt pas encore bien éprouvée. Ainſi c'eſt des mains des Gouverneurs ou des Commandans que le Roi reçoit les clefs.

Elle rencontra entre la Porte avancée & la grande Porte, les Princes du
Sang & Monſieur le Marêchal de Saxe
qui alloient au devant , & qui en
reçurent l'accueil le plus gracieux.

Sous la grande porte , elle fut re-
çûe par le Doyen des Nations. (*a*)

L'arrivée du Roi fut annoncée au Peu-

Au ſurplus, la dérogation à ce priviLége a
été par tout très-agréable aux Bourgeois ; parce
qu'elle les a déchargés de la garde des Villes conquiſes ; corvée qui dérangeoit beaucoup leurs
familles , & qui leur étoit odieuſe , tant à cauſe
de ce dérangement , qu'à cauſe des dépenſes auſ-
quelles cette garde les engageoit , ou des ſommes
qu'ils étoient obligés de payer pour en être
exempts.

Les Peuples des Pays-Bas ont été ſurpris de ce
que le Roi retient les clefs des Villes , où il fait
ſon entrée , & ne les rend pas à celui qui les lui
préſente , ſoit qu'elles lui ſoient offertes par le
Chef de la Magiſtrature , ou qu'elles le ſoient
par le Gouverneur ou par le Commandant ;
mais en France ces ſortes de clefs , lorſqu'elles
ſont d'or ou d'argent , appartiennent au Capi-
taine des Gardes du Corps en quartier , ou au
Grand-Chambellan. Ainſi cette retenſion ne donne par elle-même aucune atteinte ni aux Priviléges , ni aux Coutumes des Villes.

(*a*) Dans les Relations qui ont été imprimées
ci-devant , on lit : *Le Bourguemaitre des Na-*
tions ; c'étoit une faute. Ce Magiſtrat étoit avec
les autres.

B

ple par une décharge de l'Artillerie qui étoit fur les Remparts, & par le fon de toutes les cloches de la Ville, qu'on fonna auffi à plufieurs reprifes, depuis fept heures jufqu'à dix heures du foir. La même fonnerie fut réïterée vers les fix heures du lendemain matin ; figne de réjoüiffance qu'on continua pendant trois jours.

Le Roi fit fon entrée à cheval dans l'ordre fuivant.

I. Deux Détachemens de Huffards de Beaufobre. (*a*)

II. Les Moufquetaires Noirs.

III. Les Moufquetaires Gris.

IV. Les Chevaux Légers.

V. Monfieur le Duc de Penthie-vre, Meffieurs le Prince de Dombes & le Comte d'Eu, Monfieur le Comte de Clermont, Monfieur le Duc de Chartres, le Roi fuivi de Monfieur le Maréchal de Saxe & de Monfieur le Comte de Lowendal.

Sa Majefté & les Princes du Sang étoient précédés & accompagnés par

---

(*a*) On avoit mis *Berchini* dans les Relations qui ont été imprimées ci-devant ; c'étoit une méprife.

les principaux Officiers Généraux de l'Armée & de la Maison du Roi, par la principale Noblesse du Royaume, & par environ quarante Chevaliers du Saint Esprit ou Commandeurs de l'Ordre de Saint Louis. Les différentes Troupes qui conduisoient cette auguste Cavalcade, formoient, sans y comprendre la Maison Militaire du Roi, un Corps d'environ deux mille Cavaliers.

Le Roi qui montoit un cheval blanc, avoit un habit gris de fer galonné d'or, & étoit très-attentif à examiner tant la beauté de la Ville & des rues, que les personnes qui étoient aux fenêtres & aux balcons. Il parut très-satisfait du zéle que les Habitans lui témoignerent, en faisant retentir plusieurs fois les airs de l'acclamation ordinaire VIVE LE ROI.

Tous les Officiers Généraux, leurs Aides de Camp, ou autres, portoient leur uniforme Militaire.

VI. Les Doyens des Corps des Métiers étoient aux côtés de cette noble Troupe avec des torches de cire blanche allumées & du poids de quatre à cinq livres chacune : Il y en avoit environ deux cens. *(a)*

VII. Les Gardes du Corps.

VIII. Les Gendarmes.

IX. Tout le reste du Régiment de Beaufobre.

X. Une nombreuse Troupe de Cavaliers de toutes fortes d'états & de conditions fermoit la marche.

Voilà l'ordre dans lequel le Roi arriva à l'Eglife de Sainte Gudule. Il fut reçû à la porte de cette Eglife par Monfieur le Comte d'Efferen, Doyen du Chapitre, revêtu de fes habits Pontificaux, & avec la Croffe & la Mitre. Il fit à Sa Majefté un compliment très-foumis.

Les Chanoines étoient auffi revêtus de Chapes très-riches.

Le Chapitre conduifit le Roi dans le Chœur tendu de fix piéces de ta-

---

(a) Cette cérémonie étoit obfervée à Rome fous fes premiers Empereurs, & elle y étoit, comme elle l'eft encore ailleurs, une marque de Souveraineté. Elle étoit auffi ufitée en France, où on ne la pratique plus ; mais elle s'eft confervée dans plufieurs Pays, entre-autres dans tous les Pays-Bas Autrichiens.

pisserie parfaitement belles, représentant la Nativité de Notre Seigneur, l'Adoration des Mages, l'Entrée de Jesus Christ dans Jerusalem, l'Institution de l'Eucharistie, la Crucifixion & la Résurrection de Jesus-Christ.

Il y avoit dans le Chœur & à la Porte de l'Eglise par où le Roi entra & qui étoit ornée de Devises & d'Emblêmes, des Détachemens des Gardes du Corps, des Cent Suisses avec leurs bonnets à la Grenadiere (*a*) & des Hoquetons. (*b*)

Le *Te Deum* fut chanté en Musique, & ensuite le Roi fut reconduit jusqu'à la Porte de l'Eglise avec les mêmes cérémonies avec lesquelles il avoit été introduit dans le Chœur.

Il remonta à cheval, & se rendit dans le même ordre qu'auparavant à

(*a*) C'est ainsi qu'ils sont habillés, lorsqu'ils sont en campagne avec le Roi.

(*b*) Ce cérémonial est observé dans toutes les Eglises, où le Roi assiste à quelque Office, ou à quelque cérémonie. Monsieur le Coadjuteur de Strasbourg s'y est aussi trouvé avec le Camail & le Rochet, comme représentant le Grand Aumônier de France.

l'Hôtel d'Egmont, où il prit son quartier. Il y reçût aussitôt les hommages des Députés des Etats , & ceux du Conseil Supérieur de Brabant.

Le vin d'honneur avoit été envoyé dès le matin au Palais d'Egmont. C'étoit un foudre de vin , orné de banderoles ; les cerceaux en étoient dorés , & les deux fonds étoient couverts de deux Ecussons de France. (a)

Le tems se fixa au beau dès l'arrivée de Sa Majesté : Ce qui donna lieu de lui appliquer , avec quelques petits changemens , ces deux Vers de Virgile composés pour Auguste dans une occasion qui avoit quelque rapport avec celle dont il s'agit.

Vere pluit toto : Redeunt spectacula tecum.

Divisum Imperium cum Jove, Cæsar, habes.

Il a plû pendant tout le Printemps. Vous ramenez les beaux jours avec vous. Vous partagez l'Empire suprême, avec le Souverain des Dieux.

Il pleuvoit entre onze heures & midi,

(a) Ordinairement ce vin est renvoyé à quelque Couvent.

précifement & lors de l'arrivée du Roi, le tems devint parfaitement beau. Il s'y maintint pendant tout le féjour de ce Monarque dans le Brabant. On a même remarqué que les pluies abondantes qu'on a eûes, ne commencerent qu'à fon départ.

Le foir & les deux nuits fuivantes, toute la Ville, les façades des Eglifes & les Clochers furent illuminés.

Le 5 le Roi vifita les lieux par où Monfieur le Maréchal de Saxe avoit attaqué la Ville de Bruxelles, les reparations faites aux endroits endommagés, & les ouvrages ajoutés aux anciens par-tout où cette augmentation a paru néceffaire. Il y en a de très-confidérables.

Le même jour & les jours fuivans, il fit la revûe de différens Corps de fon Armée, qui fe forma fucceffivement fous Bruxelles. Elle occupoit toute l'étendue de terrain qui eft depuis les Portes de Scarbeck & de Louvain, jufqu'à Dighem, fa droite étant appuyée au Moulin de Ter-Vuren, & fa gauche fur Harem. Plufieurs Corps campés au deffus de cette derniere Porte & celle de Halle, couvroient la Ville contre les courfes des Troupes légeres Autrichiennes.

A onze heures du soir, Monsieur le Comte de Lowendal sortit de Bruxelles, pour aller commander un Détachement composé de vingt-quatre Compagnies de Grenadiers, de vingt-quat'e Piquets d'Infanterie, (a) & de quinze cens hommes de Cavalerie & de Dragons, ou d'autres Troupes légeres. Il se porta avec ce Detachement, du côté de Louvain, que les Alliés abandonnerent à ses approches. Ils y laisserent seulement deux à trois cens Hussards, qui en furent bien-tôt chassés par nos Troupes legéres, à l'exception de treize qui furent fait prisonniers de guerre.

Le but de ce Général étoit de reconnoître le Camp des ennemis, & d'en tracer un nouveau pour notre Armée : Ce qu'il exécuta le six.

Le 7 il rejoignit l'Armée, après avoir passé la nuit dans Louvain.

Le 8 & les jours suivans les ennemis qui n'étoient campés que par pelotons, se replierent sur la Dyle, qu'ils passerent, & sembloient vouloir défendre tout le

____

(a) Chaque Piquet est de cinquante hommes.

terrain, qui est depuis Arschot jusqu'à Boom.

Le 9 notre Armée se mit en marche pour aller occuper le nouveau Camp que Monsieur de Lowendal avoit tracé. Elle marchoit sur sept colomnes, sous les ordres de Monsieur d'Herouville, Lieutenant-Général. Dans son nouveau Camp, elle ne formoit qu'une ligne, qui avoit environ quatre lieuës de longueur. Sa gauche étoit appuyée à Houtem, & la droite l'étoit au Village de Welthem sous Louvain.

Le Roi partit de Bruxelles le même jour. Il étoit escorté par les mêmes Détachemens de sa Maison, qui l'avoient accompagné à son entrée, excepté que le Régiment Royal des Carabiniers remplaça les Hussards de Beausobre. Il prit son quartier au Château du Baron de Perk, sur la gauche de l'Armée. Le quartier des Princes étoit à Bergh & aux environs, & le Quartier-Général à Melsbroeck.

Le 10 il y eût séjour.

On occupe les Troupes à faire l'exercice matin & soir, lorsqu'elles ne font pas en marche.

Le 9 & le 10, des Hussards Autrichiens enleverent sur la chaussée de

Louvain, ou pillérent, quelques équipages & quelques Vivandiers. *(a)* On y remedia en envoyant à Vilvorde quelques Compagnies de Cavalerie, chargées de veiller à la fureté des chemins.

Le 11 l'Armée fit un mouvement en avant. Monfieur le Comte de Clermont-Galerande, Lieutenant-Général, commandoit un gros Détachement deftiné à favorifer ce campement.

La droite du nouveau Camp étoit appuyée à la Cenfe du Saint Efprit, & la gauche au-delà de la Senne, *(b)* aux Villages d'Eppeghem & de Nederhem, où étoient le Quartier-Général & celui des Princes. Le Roi prit le fien au Château de Stein. Les Troupes Légéres étoient en avant fur la droite. *(c)*

(a) Cela donna lieu à quelques Gazettes étrangères, d'imaginer fur le compte du Général, un Roman faux dans toutes fes circonftances.

(b) Riviere qui paffe à Bruxelles, & qui fe jette dans la Dyle au deffous de Malines, & du Ruiffeau dont il fera parlé dans la Note qui fuit.

(c) Ceux qui ont marqué la gauche de ce Camp *au Ruiffeau qui fe jette dans la Dyle à Nuiffon*, ont fait une faute : C'eft Muifen que s'appelle le Village dont il s'agit.

Le même jour, le Comte de Berchini, Lieutenant-Général, le Duc d'Aumont & le Marquis de Beaufremont, Maréchaux de Camp, passerent la Dyle à Louvain, & s'avancerent sur la Demmer jusqu'à Rotzelaer en cottoyant la rive droite de la Dyle.

D'un autre côté Monsieur du Chaila, dont les Troupes étoient assemblées sous Dendermonde, envoya occuper Boom sur la Ruppel, & établit sa droite à Willebroeck.

La nuit du 11 au 12 les Graffins qui s'étoient emparés de Rotzelaer, furent attaqués par un Corps considérable de Pandoures. L'escarmouche fut vive. Les Graffins eûrent trois Officiers avec cinquante ou soixante soldats blessés; mais ils obligerent les Pandoures à se retirer à la pointe du jour, après avoir été fort maltraités.

La même nuit, les ennemis tirerent sur leur droite quelques coups de canon sur de petits Partis commandés pour aller les reconnoître. Ce feu étoit aussi une feinte à laquelle ils eûrent recours pour mieux cacher leur retraite ; car ils leverent, dans la même nuit, tous les Postes qu'ils avoient sur la Dyle & sur la Ruppel, tels qu'Arf-

chot, Rierberge, Rymenant, Malines, Niel, &c. pour se couvrir de la
Nethe. Ils appuyerent leur gauche à
Duffel, leur droite à Contick, où étoit
le Quartier-Général du Comte de Ba-
thiani. Le Prince de Waldeck tranf-
porta le sien à Lier. Ils avoient laiffé
des Corps avancés à Walroos, à
Eckelhove vis-à-vis de Walhem, &
Elft.

Le 12 le Régiment de la Morliere
se diftingua beaucoup. Deux cens hommes de ce Corps entrerent courageuse-
ment dans Malines par la Porte de
Bruxelles, traverferent toute la Ville
jufqu'à la Porte d'Anvers, en chaffe-
rent un Détachement que les Alliés y
avoient laiffé pour proteger leur Ar-
riere-Garde, & firent une vingtaine de
prifonniers. Il y eût de leur côté 15 à
16 bleffés, dont deux ou trois l'étoient
mortellement.

Le Roi ayant appris l'évacuation de
Malines donna sur le champ ordre à
Monfieur de Belle-Ifle, Lieutenant-Général, & à Monfieur le Prince de Soubife, Maréchal de Camp, d'aller
prendre poffeffion de cette Ville, avec
les Brigades d'Infanterie d'Auvergne,
de Piémont & du Roi. Elles parti-

rent à une heure, & y arriverent à trois, & Monsieur de Soubise, nommé pour commander dans la place, y resta avec ce Détachement.

Le même jour, le Cardinal Théodore de Baviere, Evêque & Prince de Liege, qui étoit arrivé la veille à Louvain, se rendit au Château de Stein pour y faire sa cour au Roi. Il fut admis à l'audience le matin, dina avec lui, l'accompagna dans la visite que ce Monarque fit de son Armée, & s'en retourna le soir à Louvain.

Monsieur de Lowendal partit le 13 avant le jour avec un Détachement de douze Compagnies de Grenadiers & de douze Piquets pour assurer les approches de la Dyle, & y établir des Ponts, dont Monsieur le Maréchal de Saxe fut lui-même déterminer la position, avec une Escorte de cent Carabiniers & de cinquante Hussards.

Le Cardinal de Bossu, Archevêque de Malines & Primat des Pays-Bas, vint à la Cour pour assurer le Roi de sa soumission, & le lendemain il prêta le serment de fidélité entre les mains de Sa Majesté.

Le Conseil Souverain de Malines ayant fait difficulté de prêter le même

ferment, il obtint la permiſſion de ſe retirer à Namur. En France, on ne re-
connoit pas la ſouveraineté de ce Tri-
bunal, qui ne fut établi par Charlequint que pour ſouſtraire le Duché de
Brabant, le Comté de Flandres & autres Provinces, à la juriſdiction du
Parlement de Paris, qui jugeoit autrefois en dernier reſſort les affaires
décidées en premiere inſtance par les
Tribunaux inférieurs de ce Duché.

Perſonne n'ignore que le Duché de
Brabant, de même que d'autres Provinces des Pays-bas ſont d'anciens Fiefs
démembrés de la Couronne de France,
& que Charlequint lui-même en fit la
foi & l'hommage à François I. Ce n'eſt
que par le Traité de Madrid qu'il s'af-
franchit de cette vaſſalité. Le Ciel ne
voudroit-il pas rendre aujourd'hui par
les armes, à cette Couronne, au
moins une partie de ce qu'elle perdit
autrefois par le même moyen. (*a*)

(*a*) Philippe de Valois dit le Bon, a poſſedé la
Bourgogne, le Brabant, Limbourg, le Luxembourg, l'Artois, le Hainaut, Namur, la Hollande, la Zelande, la Friſe, le Marquiſat du
Saint Empire. Charles ſon fils dit le Hardi, y
ajouta par achat & par conquête, la Gueldre &

Le même jour, Monsieur du Chaila prit poste au-delà du Canal de Vilvorde, à Blasvelt & à Hessen sur la
Senne.

Le Commandant du Fort Sainte Marguerite situé sur le confluant de la
Ruppel & de l'Escaut, voyant que depuis la retraite des ennemis, il n'avoit
plus aucun secours à attendre évacua
ce Fort avec sa garnison, à la pre-

Zutphen. Charles fut tué le 5 Janvier 1477
à la bataille de Nanci, ce qui occasionna la
guerre entre Louis XI. & Marie Fille de Charles. Cette Princesse prétendoit retenir toute la
succession paternelle. Louis vouloit qu'on en fît
distraction des anciens Fiefs masculins démembrés
de sa Couronne. Le différend fut terminé par le
mariage de Marguerite Fille de Marie & de Ma-
ximilien d'Autriche avec le Dauphin, à qui on
céda l'Artois & la Bourgogne. Le Dauphin devenu Roi sous le nom de Charles VIII. repudia
Marguerite, & lui rendit les Provinces qu'il a-
voit reçûes par le Traité de paix, à la reserve
de quelques Places. La passion de conserver ou
de se faire rendre le Duché de Milan & le
Royaume de Naples, fit perdre de vûe à Louis
XI. & à ses successeurs immédiats, un objet aussi
essentiel pour leur Couronne, que l'etoit la
réünion de ses anciens démembremens. Que de
batailles perdues, que de trésors mal employés,
en conséquence de ce dangereux sistême de politique !

miere fommation qui lui en fut faite & avec les honneurs de la guerre.

Le 14 les Ponts furent établis fur la Dyle à Walhem & à Duffel.

En conféquence des ordres du Roi, Monfieur le Comte d'Etrées qui étoit à Binch avec un Corps de vingt-quatre Bataillons & de trente-fept Efcadrons, en étoit parti le 12 & avoit occupé le Camp de Waver ; le 13 celui de Mildert. Le 14 il arriva à Tirlemont, dans le deffein d'aller le 15 à Arfchot, le 16 à Wefterloo, & de s'avancer tout de fuite jufqu'à Herenthals fur la petite Nethe.

Cette excellente manœuvre déconcerta les ennemis , & défarma toute leur réfolution. Nous débordions confidérablement leur droite & leur gauche. Enfin la crainte d'être enveloppés ou coupés par les derrieres, les fit fuir partout de nuit & avec précipitation , & leur fit abandonner fans coup férir des Poftes où ils avoient promis de fe défendre long-tems, & où ils auroient pû tenir parole.

Les Graffins s'établirent dans Arfchot.

Le 15 l'Armée paffa la Dyle fur fept colomnes. Le Quartier du Roi &

celui des Princes furent établis à Malines, le Quartier-Général le fut à Bur-
geftein fur le Dolfter. La droite du
Camp s'étendoit jufqu'à Schrick & à
Putte ; la gauche étoit appuyée fur
la Dyle. Les Gardes Françoifes & Suif-
fes campoient fur le glacis de Malines, & la Maifon du Roi étoit logée
dans la Ville.

, Les Huffards Autrichiens s'appro-
cherent de nous, firent d'abord quelque peur, & rien de plus. On vouloit réparer cette premiere furprife en
donnant vivement fur eux ; mais le
Comte de Lowendal fit dire qu'on étoit
en avant pour protéger notre nouveau
campement, & non pas pour engager
une action.

Le Prince de Soubife comme Commandant de la Ville & de la Seigneurie
de Malines, fe rendit à huit heures à
la Porte de Bruxelles, où le Magiftrat
en corps arriva en même tems. Le Roi
précédé par les Princes du fang & accompagné des principaux Seigneurs de
fa Cour, arriva du Château de Stein
vers les dix heures. Le Prince de Soubife lui préfenta dans un baffin d'argent, trois clefs d'argent doré, que
Sa Majefté prit à la fois, & les donna à

un des Seigneurs de fa fuite. Le Magiftrat fe mit à genoux, & le Penfionnaire de la Ville auffi à genoux, lui demanda fa Royale protection pour les Habitans de Malines, & l'affura de leur fidélité. (*a*)

Le Roi avoit un air riant. J'ai même remarqué depuis Bruxelles, que fa fatisfaction augmentoit à mefure qu'il approchoit des ennemis, & qu'elle a paru diminuer dès que leur fuite lui eût dérobé les nouvelles occafions de fignaler fon courage.

Lors de fon entrée dans Malines, ce Monarque étoit vêtu d'un habit gris galonné d'or, montoit un cheval alezan, fut reçû à la troifiéme Porte par les Doyens des Corps & Métiers avec des flambeaux de cire blanche allumés, & conduit ainfi à la Métropole.

A la Porte de l'Eglife, il fut reçû & complimenté par le Cardinal de Boffu, accompagné de fon Chapitre & re-

---

(*a*) Le Roi étoit à cheval pendant la Harangue. Ces fortes de cérémonies ne font pratiquées que lorfque le Roi fait fa première entrée dans une Ville.

vêtu de ſes habits Pontificaux (*a*)

Le Trône Archiépiſcopal étoit détendu, & l'Archevêque ſe tint debout pendant le *Te Deum*, après lequel il recita, au bas de l'Autel, les prieres ordinaires pour le Roi, & lui donna ſa bénédiction (*b*)

La Chaſſe de Saint Rombaut étoit découverte ; elle eſt d'argent, très-grande & d'un travail exquis ; mais elle eſt inférieure, quelque belle qu'elle ſoit, au devant d'Autel dont le fond eſt d'argent doré, chargé de groſſes figures ſaillantes d'argent maſ-

---

(*a*) On lui attribue ce Compliment : *SIRE, Le Dieu des Armées eſt auſſi le Dieu des miſericordes. Tandis que Votre Majeſté lui rend des actions de graces pour ſes Victoires, nous lui adreſſons des vœux pour les faire ceſſer par une paix prompte & durable. Le ſang de Jeſus-Chriſt eſt le ſeul qui coule ſur nos Autels, tout autre nous allarmes. Un Prince de l'Egliſe doit avoir le courage d'avoüer cette peur devant un Roi Très-Chrétien.* Le Roi lui répondit, que ſes vœux & ſes efforts ne tendoient qu'à ce but.

(*b*) Le même cérémonial fut obſervé à Anvers, mais il n'eſt pas pratiqué à Paris, ni que je ſache dans les autres Egliſes Cathédrales du Royaume. Lorſque le Roi doit aſſiſter à quelque cérémonie, on dreſſe pour lui un Dais ou un Prie-Dieu, ſans détendre le Trône Epiſcopal ou Archiépiſcopal.

fif : C'eſt la piéce la plus riche qu'on puiſſe voir en ce genre. L'Autel étoit orné de ſix Chandeliers de la même matiere, d'une hauteur & d'une groſ-ſeur ſinguliere, & qui ne ſervent que dans les fêtes ſolemnelles. Le Crucifix ſurtout eſt remarquable : Il eſt d'argent doré, chargé de riches pierreries, haut d'environ ſix pieds. En un mot, cet Au-tel, quant à l'argenterie, au marbre, & au goût de l'Architecture, eſt ſans contredit le plus magnifique qu'il y ait dans tous les Pays-Bas, & un des plus magnifiques de l'Europe.

Le Chœur étoit tendu de riches Ta-piſſeries.

Après le *Te Deum*, le Roi accom-pagné du même cortege qui l'avoit conduit à l'Egliſe, alla deſcendre à l'Hôtel de Spiſſenbourg, Commande-rie de l'Ordre Teutonique. Le bâti-ment eſt petit, mais commode, & le Jardin fort beau.

Les rues étoient ſablées, tendues décemment à la maniere du Pays, bor-dées par les Troupes de la garniſon & par quelques Compagnies des Gardes Françoiſes & Suiſſes. Le peuples cria beaucoup VIVE LE ROI, & on li-ſoit quelque part cette Inſcription :

Vive le Roi, & Dieu béniffe fes armes.

Des Ecoliers montés fur un Char orné aux dépens de la Ville , furent l'a-
près midi préfenter au Roi des piéces
compofées à fa louange.

Après le diner, Sa Majefté eût la curiofité de monter fur la tour de la Métropole. C'eft vraifemblablement le plus
pénible voyage qu'elle ait jamais fait à
pied. La tour a cinq cens onze marches,
chacune de demi pied d'épaiffeur. Elle
n'eft pas achevée , elle n'a été portée
qu'aux deux tiers de la hauteur qu'on
vouloit lui donner lorfqu'on commença fa conftruction.

Du haut de cette tour, on découvre
Gand, Bruxelles , Anvers, & la plus
grande partie des Pays-Bas , auffi loin
que la vûe peut s'étendre. On y voyoit
encore le Camp des ennemis , qu'ils
commencerent à lever cette même nuit ;
& le lendemain après avoir fait défiler
leurs gros bagages & leur artillerie du
côté d'Anvers , après avoir brûlé les
Ponts de Walhem & de Duffel , ils leverent tous leurs poftes avancés fur l'Efcaut, fur la Nethe & fur la Demmer ;
& furent camper fous Anvers. Avant

que de quitter Lier, on réfolut d'envoier à Maftricht, le Régiment de Dragons de Slippenbach, pour renforcer la garnifon de cette Ville.

La riviere de Nethe n'eft pas large, mais elle eft très-profonde. Les hautes marées enflent confidérablement fes eaux deux fois par jour, & elles font alors plus élevées que les prairies qui la bordent. Outre cela les Alliés avoient fait dans les endroits acceffibles, des retranchemens qu'ils pouvoient défendre long-tems. Ils pouvoient même inonder les prairies des environs ; ce qui auroit au moins fervi à retarder confidérablement notre marche ; mais ils n'en firent rien.

Cependant des gens accoutumés à trouver du merveilleux dans les actions où ils n'en devroient point chercher, & où il eft même affez difficile d'en trouver, ont donné à cette fuite le nom de retraite admirable. Qu'une Armée fuie devant une Armée fupérieure qui cherche à l'envelopper, c'eft prudence ; mais décamper toujours de nuit, laiffer toujours entre foi & l'ennemi trois ou quatre lieuës de pays, & des rivieres d'un paffage difficile, telles que font la Dyle & la Nethe ; fuir quand perfonne

n'eſt à portée de ſuivre de bien près ;
c'eſt ce qu'on ne peut qualifier de belle
retraite, ſans confondre une prompte
fuite avec une retraite faite en bon ordre, en préſence & ſous le feu d'un
ennemi ſupérieur qui pourſuit avec ar-
charnement & ſans relâche.

Cependant, car il faut rendre juſtice à chacun, on ne peut diſconvenir
que leur retraite n'ait été faite très-à-
propos. Encore quelques heures de
plus, & tous les Poſtes ſur la Nethe,
tous les Corps avancés des Alliés auroient été attaqués ; on faiſoit pour cette attaque toutes les diſpoſitions néceſſaires.

Si les approches de nos trois Armées
avoient jetté la conſternation parmi les
Alliés, leur fuite ne conſterna pas
moins nos Troupes, qui ſouhaitoient
avec beaucoup d'ardeur une action dé-
ciſive. On ne diſtinguoit à cet égard ni
nouvelles levées, ni vieux ſoldats : On
remarquoit dans tous la même bonne vo-
lonté. J'en ai oüi une Troupe murmu-
rer, au Camp de Stein, de ce qu'on
ne leur faiſoit pas paſſer la Dyle à la
nage.

Le ſoir toute la Ville fut illuminée,
de même que le haut de la Tour : Spec-

tacle qui rendit les ennemis & les Provinces des environs témoins de la joie
que la préfence de leur nouveau Maître
infpiroit aux Habitans de Malines.

Pendant toute la nuit du 15 au 16 on
fut reconnoître les endroits les plus propres à forcer le paſſage de la Nethe &
à y jetter des Ponts.

Dès la pointe du jour, les Pontons &
la plus grande partie de l'Artillerie défi-
lerent en avant, & on donna les ordres
néceſſaires pour la conſtruction de nouveaux Ponts, & pour la reparation des
anciens.

Le 17 le Marêchal de Saxe alla reconnoître les bruyeres de Herenthals.
En même tems, le Régiment de Graſ-
fin fut détaché pour s'emparer du Château de Grobbendonck ſur la petite Nethe, & celui de la Morliere entra dans
Lier.

Le Roi monta à cheval à huit heures
du matin, examina quelques-uns des
Poſtes que les ennemis avoient occu-
pés, parcourut toute la premiere ligne
de ſon Armée juſqu'à l'extrémité de la
droite, & ne rentra dans Malines que
vers les cinq heures.

Les ennemis, qu'on croyoit avoir
pris la réſolution de défendre Anvers,
Ville très-regulierement fortifiée & ca-

pable d'une longue défenfe, (*a*) dé-
filerent en partie le long des ouvrages de cette Place, en partie au
travers de la Place même ; & allerent
camper dans la plaine de Braxgaten.
Leur gauche étoit appuyée à Merc-
xem, Village au delà du Schrynt,
& leur droite l'étoit à Eckeren, autre
Village fameux par la bataille qui y
fut donnée le 30 Juin 1703. Ils avoient
renforcé la garnifon du Château jufqu'à environ quinze cens hommes,
choifis dans plufieurs Corps. Ils les y
firent entrer la nuit, afin qu'on igno-
rât la force de la garnifon. Ils abandonnerent auffi fur le Port d'Anvers,
trois Magafins de fourage, dont nous
avons profité.

Le Comte de Berchini campa avec
les Dragons & les Huffards de la droite,
au delà de Lier, où on fit entrer les
Brigades de Picardie & de Crillon.

Vers les fix heures, l'ordre fut donné à la Maifon du Roi, aux équipa-

---

(*a*) Ces Fortifications furent mifes en 1703,
1704 & 1705, en l'état où elles font actuellement, par les François qui y reflerent pendant
environ fix ans.

D

ges, à l'Hôpital ambulant, de se tenir prêts à marcher le lendemain à la pointe du jour : Ce qui fut exécuté.

Le 18 l'Armée Royale décampa sur cinq colomnes. Elle passa la Nethe à Lier sur les Pontons jettés à Duffel & à Walheim. Elle campa sur deux lignes derriere la chaussée de Lier à Anvers. La droite étoit établie sur Lier où le Roi prit son quartier, & où il arriva le jour même à huit heures du soir. La gauche s'étendoit jusqu'auprès de Saint Laurent au de-là de Bouchaud.

Le même jour, les Alliés envoyerent à Breda, leurs gros bagages & leur grosse Artillerie.

Le 19 le Roi changea de quartier, & fut loger au Château de Bouchaud. Il s'y rendit l'après midi, en parcourant toute la premiere ligne de son Armée.

Le Quartier - Général étoit à Lier, où il resta jusqu'à ce qu'il fut transporté à Ranst.

Monsieur le Comte de Berchini occupa les environs de Bussenstein, & s'étendoit depuis Emelum jusqu'à Ranst, pour couvrir l'Armée Royale.

Le Corps de Monsieur du Chaila s'avança sur Malines, & faisoit un espéce de Corps de reserve.

Le Corps de Ville d'Anvers envoya des Députés pour faire ses soumissions au Roi.

L'Armée ennemie quitta son nouveau Camp, & se rassembla aux environs du grand & du petit Fundert, la droite s'étendant jusqu'à la Zoom. C'est par cette marche que mettant entre elle & nous, les bruyeres de Breda, & cherchant un asyle sur les terres de la Republique de Hollande, elle se déroba pour quelque tems à la vivacité de notre poursuite.

Le 20 Monsieur le Marquis de Brezé, Lieutenant-Général, partit à quatre heures du matin avec mille Chevaux, cent cinquante Dragons, cent hommes du Régiment de la Morliere, vingt Compagnies de Grenadiers & douze Piquets d'Infanterie, pour aller prendre possession de la Ville d'Anvers. Des Troupes d'Habitans leur vinrent au devant en criant *vive France, & plus d'Hollandois.*

Ce Détachement fut suivi par la Brigade d'Auvergne, qui y a resté.

La garnison de Berg-op-zoom fut renforcée de deux Régimens. Toute l'Armée ennemie décampa de Sundert, passa la Merck, sur laquelle elle ap-

puya fa droite aux environs de Grim-
huifen , & porta fa gauche jufqu'à la
Donge au deffus de Gilfen , pour s'approcher de Boileduc.

Les Généraux laifferent au devant
d'elle un Corps confidérable de Troupes Legeres. Il occupoit Ooftmaal ,
Weftmaal , Hoogftrat , & les Villages
circonvoifins.

A mefure qu'ils s'éloignerent d'Anvers , tout fut mis en confufion dans la
Baronie de Breda & dans les Territoi-
res de Boileduc , de Gertruydenberg
& de Heufden. Les Troupes Legeres
Autrichiennes fe mirent en devoir de
renouveller en plufieurs lieux , aux in-
cendies près , les horribles fcenes de
la Baviere & du haut Palatinat ; firent
feu fur les Payfans attroupés pour garantir du pillage leurs biens & leurs
maifons ; & les Généraux n'y reme-
dierent , à en juger par leurs propres
apologies , que tard & foiblement.

Le Roi en ufa d'une maniere bien
différente dans le Brabant. Il menagea
le Pays avec un foin paternel. Il dé-
fendit de fourager & de paturer fans
ordre , au de-là des Gardes avancées ,
fous peine pour les domeftiques d'être
menés au Prevôt , de confifcation des

chevaux , & de dix livres dix fols d'a-
mende pour les maîtres dont les Do-
meſtiques feroient pris en faute.

Les Maraudeurs ont été moins épar-
gnés. Le Roi en fit faire des exem-
ples féveres , dès le commencement.
Il fit pendre entre autres au Camp de
Stein , onze Huſſards à la fois. Cette
exécution ſuivie de quelques autres
moins remarquables , arrêta cette li-
cence autant qu'il eſt poſſible de l'ar-
rêter dans une Armée auſſi nombreuſe
que l'eſt l'Armée Royale.

Quelques Capitaines dont les ſoldats
ont été pris en maraude & punis , furent exilés au Fort de la Knoque près
Furnes , pour apprendre aux autres Officiers à veiller ſur leurs Compagnies :
Monumens éternels de l'attention du
Roi à menager les Pays conquis , &
à entretenir une exacte difcipline dans
ſes Armées.

Des Piquets du Détachement envoyé
à Anvers ſous les ordres de Monſieur
de Brezé , s'emparerent des Forts d'Of-
tervelt & de Saint Philippe , ſur la
rive orientale de l'Eſcaut. On y trouva quelques ſoldats qu'on fit priſonniers
de guerre.

Monſieur de la Morliere que le Comte

de Berchini avoit placé fur la gauche de fon Détachement, ayant appris que fix cens Huffards ennemis s'étoient approchés d'Anvers jufqu'au Village de Wyneghem, les y attaqua. A fes approches, ils fe rangerent en bataille dans la plaine. Un Détachement de la Morliere les y chargea par pelotons, & les attira par une fuite fimulée, dans une embufcade de Grenadiers, qui leur tua, bleffa, ou prit environ quatrevingt hommes.

Monfieur le Comte de Clermont (en qui la valeur de fes immortels Ancêtres ne fe dément point) fût chargé par le Roi de la direction du fiége du Château d'Anvers.

Les Officiers - Généraux nommés pour la même expédition, furent Monfieur de Brezé, Lieutenant-Général, Meffieurs Thomé, Seedorf, le Marquis d'Avarei (*a*) le Comte de Choifeuil, (*b*) de la Peroufe, de Froulai, le Chevalier de la Marche, de la Vau-

---

(*a*) Il mourut à Anvers de la petite verole, extrêmement regretté de l'Armée.

(*b*) Il mourut auffi fort regretté, environ le même tems.

guion , le Duc d'Havrei , le Chevalier d'Autanne , Maréchaux de Camp ; Monſieur de Puiſegur , Major-Général ; Meſſieurs de la Tour , & le Chevalier d'Aloſt , Aides Majors-Généraux pour l'Infanterie , & Monſieur de Maulezan pour la Cavalerie.

Liſte des Corps employés au Siége de la Citadelle d'Anvers.

INFANTERIE.

Brigades d'AUVERGNE . . . . 4 Bataillons;
  de BEAUVOISIS . . . 4
  de BETTENS , Suiſſe . 6
  de SEEDORF , Suiſſe . 6
  GRENADIERS Royaux 8

   Total . . . 28 Bataillons;

CAVALERIE.

Brigades du ROI . . . . . . 8 Brigades.
  de DAUPHIN . . . 8

   Total . . . 16

ARTILLERIE . . . 1 Bataillon.
INGENIEURS . . . 6 Brigades.

Monfieur d'Aumale commandoit le Genie.

Ces Troupes partirent le 21 & inveftirent la Citadelle. La ligne de circonvallation embraffoit le terrain depuis Borgerhout, Faubourg d'Anvers, jufqu'à des Prairies qui font au bord de l'Efcaut au deffous de Leegkiel & Hoogkiel.

Monfieur le Comte de Clermont avoit été reconnoître fort exactement & de fort près, tous les dehors de la Fortereffe.

Le même jour, Monfieur le Comte d'Etrées envoya en avant un Détachement de trois cens Chevaux. Ce Détachement s'avança jufqu'à Wechelfand, qui eft à moitié chemin de Heerenthals à Hoogftrat. Monfieur Graffin qui eft du Corps de Monfieur de Berchini, y en fit paffer un pareil, précifement en même tems. Ces deux Troupes ne s'étant point reconnues, elles firent feu l'une fur l'autre, mais fans aucune perte. Cette méprife favorifa la fuite d'un Parti de quarante Huffards, qu'elles avoient rencontré.

Ce jour & les fuivans furent employés à affurer la circonvallation, à conduire l'Artillerie, à unir le terrain, & à faire tous les autres préparatifs néceffaires pour le Siége.

Les Habitans de la Ville fe chargerent de fournir les Fafcines & les Gabions ; ce qui n'empécha pas que chaque Bataillon de l'Armée ne reçût ordre d'en fournir mille, le 23 & le 24. Ce qui fut exécuté.

Les Hollandois ouvrirent les Eclufes, & inonderent aux environs de Lilloo, une grande étendue de Pays appellé Lillore-Polder, & les environs du Fort de Lifkenshoeck, pour nous ôter la tentation d'attaquer l'une ou l'autre de ces Forterefles.

On plaça du canon fur le Port d'Anvers pour fe garantir de toute furprife du côté de la mer.

Le feu de la Citadelle commença dès le 21 au foir, & fut foutenu pendant les jours fuivans avec vivacité ; mais fans caufer beaucoup de dommage aux Affiégeans, & fans retarder leurs préparatifs.

Le Commandant avoit fait abbattre plufieurs maifons & une grande quantité d'arbres, dans des marais contigus au glacis du Château ; mais il eft à prefumer qu'il auroit porté, s'il avoit compté de faire une longue défense, cet abbatis beaucoup plus loin, soit en détruisant les maisons les plus voisines de la Porte de Saint George, les moulins qui sont auprès, & deux autres moulins qui sont sur le Rempart entre la Citadelle & la Ville; soit en coupant une grande quantité d'autres arbres qui étoient sous son canon, & qui favorisoient beaucoup les approches des Assiégeans.

Le 22 l'Armée des Alliés quitta son Camp sous Breda, pour en prendre un autre sous Gertruidenberg, où sa droite fut appuyée, sa gauche ayant été portée jusqu'auprès du petit Donge: (*a*) Le Quartier-Général fut établi à Tei-Heide. Son front étoit couvert par les anciennes Lignes faites pendant les guerres civiles des Pays-Bas. On les étendit, on les perfectionna, & on les fortifia par de nouvelles Redoutes qu'on garnit d'une nombreuse

______

(*a*) Il y a un Village & un bras de la Donge qui portent le même nom, *Klein-Dungen*, & c'est à ce Village que la gauche des Alliés étoit établie. *Dungen* est aussi le nom d'un Village & de la Riviere qui le baigne, & qui se jette dans la mer à Getruidenberg.

Artillerie. A tous ces travaux, on ajouta des retranchemens & des paliſſades, comme ſi les Alliés avoient craint d'être aſſiégés dans ce Camp. C'eſt derriere ces fortifications qu'ils attendirent les renforts qui leur ſont venus d'Allemagne & d'Angleterre.

La nuit du 25 au 26 Monſieur le Comte de Clermont fit ouvrir la tranchée devant le Château d'Anvers. Il y employa 3600 ouvriers, couverts par onze Compagnies de Grenadiers, dont huit de Grenadiers Royaux. Ils étoient ſoutenus par trois Bataillons, dont deux d'Auvergne & un de Bettens.

Le premier boyau ouvert derriere les moulins qui ſont ſur la chauſſée, fut pouſſé fort en avant.

La parallele commencée au pied du glacis de la Porte de Saint George, fut portée juſqu'à une Redoute qui ferme ſa gauche, vis-à-vis la demie-Lune qui eſt du côté de l'Eſcaut.

Le 27 on forma, au devant de la parallele ouverte dans la nuit précédente, des places d'armes pour l'établiſſement de l'Artillerie. On commença à élever une Batterie de huit piéces à la droite du front de l'attaque, & une de ſix à la gauche.

Deux Batteries de dix mortiers chacune, formées dans la gauche de la
parallele, tirerent le matin avec fuc-
cès. On y répondit vivement du Château (*a*)

(*a*) Le même jour, vers les trois heures aprés
midi, un boulet de canon parti de la Citadelle,
traverfa les branches d'un des petits chénes qui
bordent la chauffée, & fous lequel l'Auteur de
ce Journal fe trouvoit alors, en revenant de faire le tour de la tranchée. Ce boulet partagea en
deux un cheval & brifa une charette dans le Parc
de l'Artillerie. L'Auteur fixa d'abord fon attention fur la Citadelle. Dans le même inftant,
il découvrit à plein la Batterie d'où le coup étoit
parti. Il vit à travers l'embrafure mettre le feu
à une nouvelle piéce, & crut, en jugeant fur la
direction du canon qu'il diftinguoit fans obfta-
cle, que le boulet pafferoit à environ cent pieds
fur fa droite ; mais il vint faire une grande bréche
à dix pieds du Spectateur, dans une des dernieres
maifons fituées fur le côté droit de la chauffée.
Il y eut plufieurs perfonnes tuées ou bleffées au
même endroit. Le Commandant du Château
s'apperçût qu'il avoit manqué en négligeant de
rafer ces maifons. Il dirigea long-tems contre elles le feu d'une de fes Batteries ; mais envain.
Ces maifons couvrirent toùjours affez bien une
partie du Parc de l'Artillerie des Affiégeans.

L'Auteur fe trouvant le lendemain matin dans
la parallele qui débouchoit au pied du glacis de
la Porte de Saint George, un boulet qui effleura
un des gabions dont elle étoit défendue vis-à-vis
de lui, tomba encore à fept à huit pieds de l'endroit où il étoit alors

Le même jour , le Maréchal de
Saxe tranſporta ſon Quartier de Lier
où il étoit , au Château de Seven-
bergen près de Ranſt.

Il y eût auſſi à Herenthals , un in-
cendie conſidérable. Il réduiſit en cen-
dres avec la moitié de la Ville , la
grande Egliſe où les habitans avoient
refugié leurs principaux effets , & le
reſte des Magaſins de fourage que
nous y avions.

Le 28 le travail de la nuit fut per-
fectionné , & on ſe porta en avant ſur
la droite , par quatre zig-zacs , en ſuivant la branche du chemin couvert
de la communication à la Citadelle ;
au centre , par trois autres zig-zacs ,
vers la capitale de la demie-lune du
front attaqué , & à la gauche , par un
huitiéme zig-zac & une demie-paral-
lele , ſur la capitale du baſtion qui
termine l'attaque du côté de l'Eſcaut.

Les épaulemens des Batteries du
centre & de la gauche furent très-en-
dommagés , ſans qu'aucune piéce fut
bleſſée.

Le C. ps commandé par Monſieur
d'Etrées , partit de Herenthals , & ſe
replia ſur Louvain , pour ſe joindre

à l'Armée deſtinée à faire le ſiége de Mons.

Dans la nuit du 28 au 29 on apperçût trois groſſes fuſées partir du Château. Le même ſignal fut réïteré dans la nuit du 29 au 30 à la même heure.

Le 29 on joignit le travail qui avoit été fait dans la ſeconde nuit, à la droite & au centre, pour former une ſeconde parallele, qui protegeât le travail, qu'on vouloit porter en avant vers le chemin couvert. On continua d'ailleurs tant à la gauche qu'au centre, à s'avancer par des zig-zacs du front attaqué. Ceux de la droite étoient à peu près à cinquante toiſes des angles ſaillans du chemin couvert, & le dernier du centre n'étoit qu'à douze toiſes de l'angle ſaillant de ce chemin, oppoſé à la demie-lune.

Pendant ces deux jours, le feu des Aſſiégés fut vif, ſoutenu & bien dirigé : La Batterie de canon de la droite en fut entierement démontée. Malgré tout ce feu, on conjectura, à la facilité avec laquelle on laiſſa approcher les Sapeurs du chemin couvert, & à la négligence d'établir un Pont de communication, qu'on ne vouloit pas le défendre. On avoit menacé de mines, de vigoureuses forties, d'une réfiftance mémorable : On n'a rien vû de tout cela.

Dans la nuit du 29 au 30 on continua à s'approcher du chemin couvert, par les zig-zacs qui avoient été entrepris auparavant. Dès le matin, on fut en état d'élever fur les trois faillans de ce chemin, vers lefquels on cheminoit, des Cavaliers de tranchée, qui difpenfoient de l'attaquer de vive force, en cas qu'on eût voulu le difputer.

On forma de plus un nouveau débouché fur la capitale du baftion de la droite du front attaqué, & on s'y porta auffi près du chemin couvert, que dans le refte de l'attaque.

Une nouvelle Batterie de quatre piéces de canon établie à la gauche de la Batterie du centre, & une autre Batterie de fix petits mortiers conftruite à la tête du travail fait pendant la nuit à la communication où s'appuioit la droite de l'attaque, commencerent à tirer le 30.

Cette journée fut remarquable par la grêle étonnante de boulets & de bombes qui tomba prefque fans difcontinuation, de six Batteries des Asfiégeans, fur tous les endroits de la Citadelle. Il eft vrai que les Affiégés y répondirent avec vivacité, mais avec de longs intervalles de filence, auquel ils étoient fouvent condamnés pour remettre leurs batteries en état. Leurs piéces d'Artillerie étoient offenfées auffi-tôt que placées, leurs Canoniers écrafés, les affuts mis en piéces. l'Eglife, les Magafins, les maifons, les arbres, tout fut abbatu, ou extrêmement endommagé, & fur les neuf heures toutes leurs piéces fe turent, à l'exception de deux ou trois (a)

L'Auteur de ce Journal contempla de fort près, & depuis huit heures jufqu'à dix heures & demie du foir, ce furprenant fpectacle, dont la beau-

---

(a) Il y a dans cette Eglife le Maufolée du Marquis del Pico, fameux Guerrier Efpagnol, qui avoit été Gouverneur de cette Citadelle, & qui mourut pour avoir eû les deux jambes emportées par un boulet de canon. Une bombe adreffée fur l'Eglife dans le dernier fiége, perça le toit, tomba auprès du Maufolée du Marquis, & un de fes éclats brifa les deux jambes de la Repréfentation de ce Guerrier, qui par cet accident a eû les jambes coupées pendant fa vie & après fa mort.

té feroit plaifir , fi ce plaifir n'étoit diminué par l'horreur des effets qui en refultent : Spectacle furprenant en effet, & même un des plus furprenant que l'art puiffe offrir, que de voir un globe de fer , qui pefe quelquefois jufqu'à cinq cens livres , partir d'un vafe d'airain de la longueur de trois à quatre pieds, s'élever avec autant de legereté & auffi haut qu'une fufée volante , répandre dans les airs la même clarté , décrire un demi cercle parfait , tomber prefque toujours à l'endroit où il eft envoyé , écrafer une maifon par fa pefanteur , ou s'enfoncer dans la terre , s'en relever un moment après avec un bruit affreux, & partagé en plufieurs éclats , qui portent dans tous les environs l'horreur & la mort.

Tandis que les bombes défoloient ainfi l'intérieur de la Citadelle , d'autres globes non moins redoutables rafoient les parapets des demie-lunes & des baftions attaqués , & les épaulemens des Batteries. Tous les canons des Affiégés , à l'exception de deux ou trois , fe turent entierement vers les neuf heures & demie. Les Affiégés perdirent leurs meilleurs Canoniers ,

une seule bombe en tua ou blessa neuf.
Malgré ce feu horrible, qu'il étoit
d'autant plus facile de continuer sans
interruption, qu'il faisoit le plus beau
clair de lune qu'il fut possible de sou-
haiter, deux Batteries des Assiégés se
trouverent remontées vers les deux
heures après minuit, & firent un feu
des plus terribles, auquel on mêla sur
les travailleurs les plus exposés, celui
de la mousqueterie. Il dura jusqu'à six
heures du matin, tua ou blessa jusqu'à cinquante-trois travailleurs. Depuis six heures, cette vivacité, quoiqu'elle se soutint toujours avec la même
force du côté des Assiégeans, se ralentit
extrêmement du côté du Château, qui,
sur les sept heures cessa entierement
de tirer. Enfin le Commandant, voyant
que d'environ septante - deux piéces
d'Artillerie, il ne lui en restoit que
dix ou douze en état de servir, prit
le parti d'arborer à huit heures le drapeau blanc, quoiqu'il n'y eût encore
aucune bréche à la muraille.

Les Assiégeans avoient gagné le
chemin couvert, & passé la palissade. Les Grenadiers Royaux & les Sap-
peurs enleverent même plusieurs ten-
tes qui étoient auprès de la Porte du

Château oppofée à l'attaque. C'eft par cette Porte que le Major de la Place fortit pour demander à capituler. Il n'étoit chargé que de propofitions verbales ; on le renvoya dans la Place, afin qu'il y fit coucher fes propofitions par écrit. La négociation dura jufqu'au lendemain.

Cependant les Affiégeans ne fufpendirent point leurs ouvrages. Des Officiers de la garnifon les prierent de les difcontinuer. On leur répondit, que cela n'étoit pas poffible, attendu qu'on ignoroit ce qui fe paffoit chez eux, & quel feroit le fort de la négociation. C'étoit le fixiéme jour de la tranchée ouverte.

Le 31 au foir, la capitulation fut fignée, en voici les articles.

A R T I C L E I.

Il fera accordé deux fois vingt-quatre heures après la fignature de la préfente Capitulation, pour que le Comte de Wied, Général Major de S. M. la Reine d'Hongrie &c. Commandant les Troupes qui compofent actuellement la garnifon de la Citadelle d'Anvers, de même que le Lieutenant Colonel de Piza, Commandant de ladite Citadelle , les Officiers d'Etat Major , les Capitaines & fubalternes , & enfin toute la garnifon avec leurs équipages , effets &c. fortent avec tous les honneurs Militaires, Tambour battant , meche allumée &c. amenant quatre canons de Bronze de vingt-quatre livres, & deux mortiers, avec leurs affuts, & munitions néceffaires, pour tirer douze coups de chaque piéce.

Il fera le premier Juin , au point du jour, livré une des Portes de la Citadelle aux Troupes du Roi.

Les Troupes qui font actuellement dans la Citadelle avec les Officiers qui les commandent , & ceux de l'Etat Major, en fortiront le trois Juin à huit heures du matin , tambour battant , meche allumée , & les autres honneurs militaires.

Elles ameneront avec elles deux canons de fonte au deffous du calibre de douze, & un mortier au deffous de dix pouces de diamétre , lefquels ne pourront être aux armes de France ; elles porteront avec elles les munitions néceffaires, pour tirer douze coups de chaque piéce, lefquels feront pris defmunitions actuel-

lement existantes dans la Citadelle.

Les Troupes Autrichiennes , qui sont actuellement dans les Forts le long des deux Rives de l'Escaut , les évacueront le deux Juin, & seront conduites sur le passage de celles de ladite garnison où elles se joindront.

A R T I C L E II.

On donnera les Escortes nécessaires , pour mener la susdite garnison, par Merxheim, Brischolt, Brecht, Hoogstraten , & delà plus outre par le chemin le plus court à l'Armée Imperiale , sous les ordres de son Excellence le Maréchal Comte de Bathiany.

Accordé.

A R T I C L E III.

Tous les Soldats seront munis de vingt-quatre coups de cartouches, & ne seront ni fouillés ni pillés.

Accordé douze coups pris dans les munitions actuellement existantes dans la Citadelle.

ARTICLE IV.

Auſſi leur fournira-t-on pour quatre jours de pain.

Le prendront des Magazins, qui ſont actuellement à la Citadelle.

ARTICLE V.

On donnera auſſi ſix chariots couverts , & autant qu'il en faudra pour mener les équipages des Officiers , leſquels comme leſdits ſix chariots couverts, ne ſeront ni fouillés ni pillés.

Refuſé quant aux chariots couverts, on pourvoira du ſurplus au tranſport des équipages des Officiers , qui ne ſeront point pillés.

ARTICLE VI.

Les Ingenieurs , Entrepreneurs & tous autres employés dans les fortifications, vivres, fourages, & hòpitaux , joüiront de la préſente Capitulation.

Accordé.

ARTICLE VII.

Le Lieutenant-Colonel de Franiz de l'Artillerie, les Officiers, Artificiers, & Canoniers en joüiront de même façon que la garnifon.

Accordé.

ARTICLE VIII.

Que l'Auditeur Major-Dôme, Contrôleur de Gand, préfentement ici, le Curé, Chapelain, Chirurgiens, Apoticaire, &c. puiffent fe retirer en Ville & où bon leur femblera en vertu du Traité de Francfort de l'an 1743.

Le Roi donnera fes ordres au fujet du Contrôleur de Gand, le furplus accordé.

ARTICLE IX.

Le Braffeur & autres habitans de la Citadelle pourront refter librement & continuer leurs affaires, &c.

Accordé.

ARTICLE X.

Les malades & blessés pourront res-
ter librement, & on leur accordera
jusqu'à leur guerison, tout le néces-
saire, de même qu'à ceux qui seront
destinés pour en avoir soin, & après
leur guerison, ils seront renvoyés à
l'Armée de même façon que la garnison.

Accordé.

Fait dans la Citadelle d'Anvers le
31 Mai 1746.

Signé, sur l'Original, DE WIED,
Général Major.

Et DE PIZA, *Commandant de
la Citadelle.*

*Il sera laissé des Officiers de la garni-
son de la Citadelle en otage pour la li-
quidation & le payement des dettes
contractées dans la Ville.*

*La Capitulation signée, les Commis-
saires du Roi entrerent dans la Citadelle,
pour conjointement avec ceux des Assiégés, dresser des inventaires des effets &
munitions de toute espéce, qui leur se-*

ront indiqués de bonne foi ; de même que les mines, fourneaux, fougasses, & autres poudres cachées, qu'il pourroit y avoir.

Fait & accepté à Anvers le 31 Mai 1746.

Signé, LOUIS DE BOURBON.

Le même jour cette Capitulation fut envoyée au Roi par Monsieur le Prince de Clermont. Monsieur de la Tour, Lieutenant-Colonel du Régiment de Crillon, fut chargé de cette commission, & fut fait Brigadier d'Infanterie.

Le Commandant de la Place obtint les honneurs de la guerre, parce qu'il n'y avoit point de brèche formée, lorsqu'il arbora le Drapeau, & qu'il s'engagea à faire évacuer le Fort Isabelle & le Fort Marie, qui sont au de-là de l'Escaut, & où il y avoit deux petites garnisons Autrichiennes.

Le premier Juin, quelques Brigades d'Ingénieurs qui avoient servi au Siege de la Citadelle, reçurent ordre de se rendre à Bruxelles, & de-là devant Mons : Ce qu'ils executérent le même jour & les jours suivans.

Le 2. le Roi fit Brigadier d'Infanterie, Monsieur le Prince de Beauveau, en récompense de la valeur qu'il fit éclatter à l'attaque du Pont de Cazal Baiano.

Monsieur le Duc de Boufiers fut detaché le même jour avec un Corps de 16 Bataillons & de 25 Escadrons, pour se rendre à Malines.

Monsieur de Monin, Lieutenant-Général, & Messieurs d'Aguesseau, de Belet, de Lauragais & d'Etréhan, Maréchaux de Camp, commandoient sous Monsieur de Boufiers, ce détachement destiné à renforcer l'Armée qui devoit faire le Siege de Mons.

En conséquence de la capitulation, nos Troupes entrérent le 3 Juin au matin, dans la Citadelle, & occuperent les Portes & tous les Postes.

Vers les dix heures, la Garnison Autrichienne évacua la Place, avec tous les honneurs & de la maniere dont on étoit convenu. Elle étoit d'environ mille hommes, dont il deserta même plusieurs, à la sortie de la Porte rouge, où elle fut conduite par un détachement de la garnison de la

Ville, & où elle fut rencontrée par le Régiment de la Cornette blanche, & par un détachement du Régiment du Roi, Cavalerie, qui l'efcorterent jufqu'au de-là de Hoogftraat : De forte que le nombre des bleffés, des morts & des déferteurs pendant le Siege monte à environ quatre cens hommes.

Il refta dans la Place environ foixante tant bleffés, qu'autres perfonnes pour en avoir foin, & Commiffaires pour regler l'inventaire des Magafins. On n'y trouva pas à beaucoup près une aufli grande quantité de provifions de guerre ou de bouche qu'on l'avoit cru d'abord, fur le récit exagéré qu'en faifoient les habitans du Pays.

Le Gouvernement de cette Fortereffe fut donné à Monfieur Ratel de Verville, Lieutenant - Colonel d'Infanterie, & celui de la Ville à Monfieur d'Herouville, Lieutenant-Général.

Ce Siege couta aux François environ foixante tant Officiers que Soldats, qui furent tués dans les tranchées ou qui font morts depuis de leurs bleffures ; & il y eût environ cent-cinquante bleffés.

La Citadelle d'Anvers a été conftruite par le Duc d'Albe, fuivant le deſſein du Comte Pachiotti & ſous la conduite de Serbellon. Cette Citadelle eſt de figure pentagone & a cinq grands Baſtions. Le Duc fit donner à quatre les noms qu'il portoit : Sçavoir ; *Ferdinand*, *Tolede*, *le Duc*, *Albe*, & par grace ſpéciale permit à Pachiotti de donner ſon nom au cinquiéme. Cetté Citadelle n'a pas été également eſtimée par ſa ſituation, parce-qu'étant ſituée au deſſus de la Ville ſur l'Eſcaut, elle ne peut pas la protéger contre l'ennemi qui viendroit par mer.

On juſtifie ce défaut par l'élevation du terrain ſur lequel elle eſt ſituée ; & il ſeroit au reſte très-facile de remédier à ce défaut en en conſtruiſant en cas de beſoin, une ſeconde au deſſous de la Ville. Strada dit que cette Citadelle a ſervi de modele à toutes celles qui ont été conſtruites depuis, ce qu'il faut entendre juſqu'à ſon tems.

Le même jour 31 Mai, Monſieur de Bouflers arriva avec ſon Corps à Anderlect, & Monſieur d'Etrées, avec le ſien, arriva à Genappe.

Le 4 Juin le Roi fit ſon entrée dans Anvers. Pluſieurs circonſtances la rendirent mémorable, & ſa réla-

xion eſt un monument hiſtorique très-
curieux.

Le 31 Mai, le Magiſtrat de la Ville avoit annoncé aux habitans par une
Ordonnance affichée à tous les coins
des rues, l'entrée du Roi Très-Chrétien. il avoit indiqué en même tems,
que ce Prince entreroit par la Porte
de Saint George ; iroit à la Cathédrale par le *Poort-ſtraet*, le plain
de Malines, la grande rue de l'Hôpital, *Huydevetters-ſtraet, le Maire Brug-
ge*, le marché aux œufs, le marché
au lait, le *Keiſeruye*, le grand marché, la vieille hâle au bled, & le
Meulegat ; qu'en ſortant de la Cathédrale, il reviendroit par la vieille hâle au
bled, la grande Rue, le Pont de S.
Jean, le *Oever*, & le *Clooſter-ſtraet*.
Il ordonna auſſi d'orner les maiſons
de maniere à donner à Sa Majeſté
toutes les marques poſſibles de ſoumiſ-
ſion & de fidélité.

Le 2 Juin, on avoit publié une autre Ordonnance de police qui preſ-
crivoit la maniere de rendre cette entrée ſolemnelle par le ſon des cloches,
& par des illuminations, avec défenſe
de tirer des fuſées, des petards, &

d'autres pareils genres d'artifices, pour prévenir les inconveniens du feu.

Il s'en faut bien que le Peuple s'en tint à ces seules marques d'allegreſſe publique. Il prodigua dans les rues, tout ce que les tapiſſeries & les tableaux peuvent offrir à l'œil de plus riche ; tout ce que la variété des couleurs quant aux feſtons, à la drapperie, à la verdure & autres ornemens uſités en ce pays ci dans de ſemblables occaſions, peut lui offrir de plus charmant ; tout ce que le zéle pour convaincre de ſon ardeur, peut offrir à l'eſprit par des deviſes, par des inſcriptions, par des chronographes ſans nombre.

Après la Porte de Saint George, à l'entrée de la rue, auprès de l'Hôpital, il y avoit un Arc de Triomphe, repréſentant un Portique avec pluſieurs figures & deviſes.

Au deſſus de la corniche, ſoutenue par ſix colomnes de marbre, on avoit placé un Tableau de Mars, couronné par la Victoire, & environné de tous les attribuʼs militaʼres.

Sous le Tableau, on liſoit cette Inſcription.

Dum, LODOICE, tibi Mars colligit undique
Lauros,
Majorem proavis te facit esse tuis.

LOUIS, Mars en cueillant pour vous des Lauriers de toutes parts, vous éleve au dessus de vos ancêtres.

Au sommet du Portique, on voyoit une Pallas, qui d'une main tenoit une banderolle avec l'Ecusson de France, & de l'autre un Tableau ovale avec cette Inscription.

LUDOVICO XV.
Victori, Pacifico, Clementi,
Civitas Antuerpiensis.

La Ville d'Anvers à son Conquérant clement & pacifique.

Aux deux côtés de Minerve, mais un cradin plus bas, étoient la Fidélité & la Force designées par leurs attributs.

Et plus bas encore, on avoit placé deux colomnes ausquelles étoient sus-

pendu deux autres Tableaux ovales
avec ces Emblêmes & ces Inſcriptions.

Celui du côté droit repréſentoit un
Soleil éclairant une Ville. Au deſſous
du Tableau, on liſoit cette Inſcription.

.... *Multa brevi.*

Et au deſſous de l'Inſcription, on
liſoit cette Epigramme.

Oppida multa brevi tranſcendit tempore Phœbus ,

  Laus hac, par Soli, te, LODOICE , manet.

LOUIS , le Soleil éclaire en peu d'inſtant un
grand nombre de Villes. Semblable à cet aſtre ,
vous partagez avec lui cette gloire.

Le Tableau ſuſpendu à la colomne
du côté gauche repréſentoit un Soleil , un palmier & un olivier avec cette Inſcription.

Sunt Sÿmbola Regum.

Cette Epigramme étoit au deſſous.

Sol Regis , laurus victoris , pacis oliva.

Symbola conveniunt hac , LODOICE , tibi.

LOUIS, le Soleil devife ordinaire de vos Ancêtres, les lauriers des Conquérans , l'olivier
qui couronne les Rois pacifiques , font des fymbo-
les qui vous conviennent également.

Aux Recolettes, on lifoit les Chronographes fuivans.

I.

nVnC LaEtaEVnDVs LEo bELgICVs
LVDoVICI rECVbat sVb LILIIs.

Le Lion Belgique repofe maintenant avec plaifir fous les Lys de LOUIS.

II.

EXVrgE, rEX ChrIstIanIssIME, DIVqVE

VInCE.

Levez-vous , Roi Très-Chrêtien , & triom-
phez long-tems.

III.

EXVLtEMVs LVDoVICo XV.

Réjoüiffons-nous en l'honneur de LouIs XV.

IV.

ᴇXᴀLᴛᴇᴛVʀ LVDoVICVs ʀᴇX ᴀMᴀᴛVs.

Que L O U I S , ce Monarque bien-aimé, ſoit élevé.

V.

VIVᴀᴛ LVDoVICVs IɴᴇXᴘVGɴᴀʙILIs ᴀʀMIs.

Vive LOUIS invincible par les armes.

VI.

$$\text{ᴇVIs} \left\{ \begin{array}{l} \text{ᴛᴀɴᴛVs Vᴛ ʀᴇX} \\ \text{MᴀʀᴛIᴀLI Iɴ} \end{array} \right\} \text{LVDoVIC} \begin{array}{l} \text{Vs} \\ \text{Iᴛ} \end{array}$$

Ce Chronographe exprime deux penſées, que voici :

Quis tantus ut Rex LUDOVICUS ? Quis ut Rex LUDOVICUS , Martiali in Ludovicit ?

Quel Roi eſt auſſi grand que LOUIS ? Qui a été auſſi victorieux que LOUIS dans le Champ de Mars ?

VII.

LVDoVICᴇ, ʀᴇX ᴀMᴀʙILIs, VIVᴇ, VIVᴇ,
ʜoɴoʀᴀʙᴇʀIs.

LOUIS, Roi aimable, vivez, vivez & vous ſerez comblé d'honneur.

VIII

A VXILIVM s VIs IpsE fRIt LVDoVICVs,

LOUIS fecourra fes fujets.

IX.

ǫVoǫVE VErsVs AD sVAVIsonVM sVRGANT

LILI - FrIrICIoN.

Qu'on accoure de tous côtés pour chanter les douces loüanges des Lys.

Les Carmes ornerent magnifique-ment la porte de leur Couvent. Iis mirent les armes de France fous un beau dais, & au deffous des armes, on lifoit ces Vers.

E Syria Eliades LODOICUS nomine Nonus

Duxit in Europam, conftituitque locum.

Nominis & meriti LODOICUS nobilis hares

Advenit : Eliadum plaude vetufta cohors.

Sancti virtutes Proavi complectitur omnes ,

Sanguine , ftirpe , fide , Relligione nepos.

LOUIS IX. amena le premier en Europe, les enfans d'Elie, & leur donna un afyle. (a) LOUIS noble héritier de fon nom & de fes vertus, arri-

------

(a) Leur premiere maifon eft à la place Mau-bert à Paris.

ve : Réjoüissez-vous ancienne famille d'Elie. Il possede toutes les vertus de son ayeul, & se montre son descendant par le sang, par la race, par la foi, par la Religion.

Il y avoit au dessous de cette Epigramme, le Chronographe suivant :

LVDoVICo XV.

AntVerpIaM IntrantI

eLIanI posVerVnt.

On y avoit ajouté plusieurs autres ornemens ; & surtout, quatre Epigrammes à l'honneur des Lys, & dont la pensée dominante étoit prise de quatre passages de l'Ecriture.

Tiers-Ordre Saint François.

Il y avoit sous un daïs l'écusson de France, & on lisoit le Chronographe suivant au dessous de l'écusson.

In regIs IngressV eXtrVXIt franCIsCanorVM tertIVs orDo.

Le Tiers-Ordre de Saint François a érigé ce monument pour l'entrée du Roi.

Du côté droit, on avoit représenté au naturel une figure qui désignoit la France. Elle montroit au doigt cette Inſcription, à la figure oppoſée qui repréſentoit la Ville d'Anvers.

Ecce , Anverſa , venit quem victrix Gallia miſi

Confirmare fidem , ſolvere Scaldis aquas.

Voici, ô Ville d'Anvers , le Héros que je vous envoie au milieu de mes Triomphes , pour confirmer la foi au milieu de vous , & pour retirer l'Eſcaut de ſon eſclavage.

La Ville d'Anvers répondoit.

Liligerum Regem votis complector amatum.

Eſt pius eſtque potens Regis ovantis amor.

Tous mes vœux ſont portés pour le Roi bien-aimé des lys. L'amour que des ſujets ont pour un Roi triomphant eſt tendre & juſte , & peut produire de grands effets.

A la Maiſon de Ville , on avoit placé un Tableau du Roi ſous un Dais , & cette Epigramme au deſſous du Tableau.

Una Mycenæis urbs inſuperabilis armis ,

Gloria Dardanidum per duo luſtra ſtetit.

Non anni fluxere decem , LODOICE , ſed unus

Oppida quo legimus te ſuperaſſe decem.

La principale gloire des Troyens confiste à avoir défendu pendant dix ans , leur Ville contre toutes les forces de la Gréce. LOUIS , il ne s'agit pas avec vous de dix ans : Nous lifons , qu'en une feule année vous avez conquis dix grandes Villes. (*a*)

Auprès de la Monnoye , on avoit conftruit un autre Arc de Triomphe qui étoit couronné par un écuffon de France fupporté par une branche de laurier.

Au deffous on lifoit cette Epigramme:

QVEIS-PATRIÆ RADIIS RVTILARVNT LILIA TERRIS ,

REX , PIETATE REPLES , MAGNIS AVGESQVE TROPHÆIS.

Dans tous les lieux où les lys (*b*) ont porté leur éclat , vous mettez le comble à cet éclat par votre piété , & vous l'augmentez par vos trophées. (*b*)

D'un côté étoit fufpendu un Tableau avec ce Chronographe :

(*a*) L'Epigramme , le Dais & le Portrait furent laiffés au même état , jufqu'après le départ du Roi.

(*b*) Mot à mot , *les lys de votre Patrie.*

Vt In Meridie phœbvs, ILLVXIt

reX borDonICVs.

Le Chef des Bourbons brille comme Phœbus
en plein midi.

De l'autre côté :

AntVerpIense DeCVs, VIVat reX

InVICtIssIMVs.

Vive le Roi invincible qui eſt l'honneur de la
Ville d'Anvers. (*a*)

Les Prémontrés auſquels appartient
l'Abbaye de Saint Michel, où le Roi
prit ſon logement, firent peindre à
neuf, en blanc & en bleu, & orner
de dorures, la façade de la cour qui
conduit à leur Egliſe. Ils pratiquerent
une eſpéce d'allée entre cette Egliſe
& la rue, avec des lauriers en caiſ-
ſe, & ils placerent ſur la muraille qui
borde la rue, d'autres pareilles caiſ-
ſes chargées de drapeaux.

Sous la Statue de Saint Michel furent placées les armes de France avec
cet Hémiſtiche au deſſus :

(*a*) Cet Arc fut auſſi laiſſé pendant tout le ſéjour du Roi à Anvers.

Trina decorant.

Et au deſſous cette Epigramme :

Fulgori genus ætherea par trina decorant
Rex LODOICE , tuum Sceptra , trophæa , fides.

Trois choſes repandent ſur vous un éclat, pour
ainſi dire , divin : Le Sceptre , les Victoires ,
& la Foi.

Au deſſous , on avoit ajouté cette
Inſcription :

LUDOVICO XV.

Sceptro , Trophæis , Fide
Potentiſſimo , invictiſſimo , Chriſtianiſſimo
Galliarum Regi.

A LOUIS XV. Roi de France, très-puiſſant
par ſon Sceptre , couronné de gloire par ſes
Trophées , Très-Chrêtien par la Foi.

Sur la droite , étoit la repréſenta-
tion de la Croix de l'Ordre du Saint
Eſprit , avec cette Deviſe :

Firma niſi Pacis amans.

Il n'aime qu'une paix ſolide.

Et au deſſous , étoit cette Epigramme :

Rex es Pacis amans, Armis dum subjicis orbem
Ut fundes Pacem firmius, illa paras.

Vous aimez la paix, tandis que vous vous rendez par vos armes, redoutable à l'Univers. Vous n'avez recours à ces armes, que pour établir cette paix sur des fondemens plus solides.

Sur la gauche, on avoit représenté la Croix de l'Ordre de Saint Michel, avec cette Devise :

Conterit hostes.

Il écrase ses Ennemis.

Et cette Epigramme au dessous :

Si quis bella Deo, Patriæque inferre laboret ;
Conteris hostiles, Rex LODOICE, dolos.

Si quelqu'un ose déclarer la guerre à Dieu & à la Patrie ; vous savez, ô Louis, faire avorter leurs noirs complots.

Ils firent construire à la porte de l'Abbaye, un Portail de verdure variée avec art, & chargé de ces Inscriptions. Voici celle du milieu :

LVDoVICo XV.
PRæMonstratenses eXtrVVnt,
Lætantes.

Les Prémontrés ont élevé avec joie à LOUIS XV. ce monument de leur zéle.

Au côté droit, on voyoit une Mer, & un grand Lys qui sembloit lui commander. Au dessus, on lisoit cet Hémistiche :

Sceptra parit floretque coronis.

Il acquiert de nouveaux Sceptres, quoique florissant par ses anciennes Couronnes.

Et au dessous, on lisoit ce Chronographe :

REX sCeptro InsIgnIs, LaVrIs InsIgnIor, astrIs

sangVIne par, FIDeI soLe sVpreMVs cVas.

Monarque illustre par votre Sceptre, plus illustre encore par vos Lauriers, égal aux astres par

Votre origine, (*a*) Vous êtes encore supérieur à tout par la pureté de la Foi.

Au côté gauche, on avoit représenté l'Escaut avec les attributs du commerce, des vaisseaux, un lys & la Ville d'Anvers, avec cet Hémistiche au dessus :

Cœrula funda petunt,

Ils reclament la liberté du commerce maritime.

Et cette Epigramme au dessous :

CœRVLEI nVnC sCaLDI rVant obstaCVLa FVnDI :

TE PETIT EVROPÆ QVI IVbEs aC pLLago (*b*)

Que les obstacles qui empêchent la libre navigation de l'Escaut, cessent désormais : C'est la priere que ce Fleuve vous fait, à vous qui ne commandez pas moins à la Mer qu'à l'Europe.

(*a*) Allusion à la descendance de la Maison de Bourbon du Roi Saint Louis.

(*b*) Pour faire son Chronographe, l'Auteur a fait ici deux faux Vers.

Plusieurs particuliers mirent sur leurs portes, des Epigrammes & des Chronographes rélatifs au même objet. En voici trois qui portent coup.

Rex LODOICUS adeſt, Rex fortis ut alter Achilles.
Mercurius redeat ſcaldi : Hoc Antverpia poſcit.

LOUIS vient, ce LOUIS vaillant comme un autre Achille : Que le commerce de l'Eſcaut revienne avec lui : C'eſt l'objet des vœux de la Ville d'Anvers.

Au marché aux œufs, d'un côté :

oPTATVs VeNIsTI, LVDoVICe , AVXILIVM
PATRIæ.

LOUIS, vous êtes venu, ainſi que nous le ſouhaitions, au ſecours de la Patrie.

De l'autre côté :

Exultemus in glorioſo adventu Regis LUDOVICI.
Réjouiſſons-nous à la glorieuſe entrée du Roi
LOUIS.

Ailleurs :

DIVtIVs VIVat ReX ILLe VICtoR,
ET TRIVMPhET.

Puiſſe ce Roi victorieux vivre & triompher long-tems.

Sur la grande place, ſur la porte de la Comedie :

Vive LOUIS XV.

Le·Bien-Aimé,

Vainqueur des Troupes Alliées.

Au même côté à une même maiſon, il y en avoit trois que voici : Au milieu :

Diu Deſideratus Rex ipſe

Venit Victoioſus.

Au côté droit.

Syt verblyt , Antwerpenaers , over incommen

Van LUDOVICUS.

Au côté gauche , la même choſe en Latin.

Exultemus , Antuerpienſes , in ingreſſu LUDOVICI

Regis.

Ailleurs.

GRAND LOVIS DE BOVRBON , VOTRE VENVE

COMBLE NOS VŒVX,

Ailleurs.

Anverfois, exaltez la venue du Roi Louis XV.
le Bien-Aimé.

Ailleurs.

LVDoVICo XV. tRiVMphante, AntVerpIa
InsIgnIs LœtatVr.

L'infigne Ville d'Anvers fe réjouit des Triomphes de LOUIS.

Ailleurs.

Vive Louis XV. par tout aimé, toujours pro-
tecteur de la Foi.

Ailleurs.

Sub umbra lilii, uti exoptas, gloriofe exultabis.

Vous ferez, ainfi que vous le fouhaitez, comblé de gloire & de joie à l'ombre des Lys.

Je ferois un volume fi je rappor-
tois toutes les autres Infcriptions & les
Chronographes de cette nature, ainfi
que les nouveaux qu'on lifoit dans
les rues le jour de la Fête-Dieu.
Les mêmes penfées y revenoient
toujours, fous des expreffions différentes & fouvent les mêmes. Il fuffit
de dire en général, que les habitans de
la Ville d'Anvers donnerent au Roi

les marques du plus tendre attachement, & même d'un attachement an-
terieur à la révolution qui vient de
foumettre leur Ville à fes armes vic-
torieufes. Il paroit même qu'il n'y a
rien qu'ils ne fiffent pour engager
ce Monarque à rendre à leur Ville,
le commerce qui la mettoit autrefois
au niveau des plus riches & des plus
floriffantes Villes du monde.

Il paroit néceffaire de remarquer que
les témoignages de zéle que les Peuples de Bruxelles, de Malines, d'Anvers & des autres Villes de Flandres
& du Brabant ont donnés au Roi, ne
font rien moins que l'effet de l'obéif-
fance qu'ils doivent à leurs Magiftrats.
Ils ont donné l'effor à leurs cœurs,
tandis que les Magiftrats fe font con-
tenus dans les bornes d'une decente
fimplicité, qui leur avoit été prefcri-
te par la Cour, le Monarque ayant
mieux aimé faire fes entrées en voya-
geur qu'en Souverain, fans quoi les
honneurs du Dais, les feftins publics,
les feux d'artifice, & plufieurs autres
folemnités pratiquées dans l'inaugura-
tion des Souverains des Provinces des
Pays-Bas n'auroient certainement pas
été omis.

Vers les dix heures, le Roi arriva à la porte Saint George. Il fut reçû au de-là de la paliſſade par Monſieur le Comte de Clermont, qui, en qualité de Commandant, lui préſenta les clefs, que le Roi retint, ainſi qu'il avoit fait de celles de Bruxelles & de Malines. Le Magiſtrat en corps, à la tête duquel étoient Monſieur le Marcgrave Van-Beughem, Monſieur le Baron Van-Hove & Monſieur Wellens, Bourguemaîtres en charge, lui rendit ſes hommages à genoux, Monſieur Van-Eſſen, ſecond Penſionnaire portant la parole. (a) Il fut enſuite reçû à la porte par les Doyens des Corps & Métiers avec des flambeaux allumés, ſelon la coutume du Pays : Il y en avoit environ deux cens. Il étoit vêtu d'un habit écarlate richement brodé en or. Il montoit un cheval Alezan, & étoit précédé & environné par les premiers Seigneurs de ſa Cour & par les principaux Officiers de ſon Armée.

(a) Dans la premiere édition & même dans l'édition Flamande, on avoit dit que M. le Baron Van-Keſſel, premier Penſionnaire, avoit porté la parole ; mais il s'en excuſa ſous prétexte d'indiſpoſition : Ce fut ſon confrere qui s'acquitta de ce devoir.

Il avoit pour Efcorte les Détachemens de fa Maifon militaire , qui étoient
alors de guet : Sçavoir , les Moufquetaires noirs , les Moufquetaires gris , les
Chevaux Legers ; entre eux & les Gardes du Corps, marchoient Mrs. les Princes du Sang , Monfieur le Duc de Penthievre , Meffieurs le Prince de Dombes
& le Comte d'Eu , Monfieur le Comte de Clermont & Monfieur le Duc
de Chartres.

Le Roi fut reçû à la porte de l'E-
glife de Notre-Dame par l'Evêque
d'Anvers , qui avoit prêté le ferment
de fidélité au Camp de Bouchaud.
Le Prélat étoit revêtu de fes habits
Pontificaux , & fon Chapitre l'étoit
des plus riches Chapes de l'Eglife.
L'Evêque lui fit un compliment très-
refpectueux , & fe tint debout à côté
de l'Autel pendant le *Te Deum* , fans
Trône Epifcopal. Après le *Te Deum* ,
qui fut chanté en mufique , il defcen-
dit au pied de l'Autel , entonna l'An-
tienne *Domine , falvum fac Regem* , lût
la Priere pour le Roi , & donna la
bénédiction à ce Prince & à tout le
peuple. L'Autel étoit orné de douze
grands Chandeliers d'argent , avec un
Ecuffon de France à chaque cierge ,

& d'un Crucifix auſſi d'argent, d'une grandeur extraordinaire. Le Chœur étoit tendu de riches tapiſſeries. En s'en retournant, le Roi s'approcha de la Chapelle de Saint Chriſtophe, dite des Arquebuſiers, pour y examiner une deſcente de Croix, fameux chef-d'œuvre de Rubens. (*a*)

Il ſe rendit avec le même Cortége, à l'Abbaye de Saint Michel, Ordre de Prémontré, deſtinée pour ſon logement. Le logement eſt petit, mais il eſt charmant par ſa ſituation. Le Rempart de la Ville, qui regne le long de l'Eſcaut, lui ſert de terraſſe.

(*a*) Outre cette deſcente de Croix, qui eſt enchaſſée dans une eſpéce d'armoire, il y a au dedans des deux battans, deux autres beaux Tableaux du même Peintre, dont l'un repré-ſente la Viſitation, & l'autre la Préſentation au Temple. La même Egliſe eſt riche en Tableaux d'autres Peintres célébres. Il y a auſſi aux Autels de beaucoup de Chapelles une grande quantité de Colomnes friſées de marbre blanc, & des Balluſtrades auſſi de marbre, d'un travail exquis. La Tour auſſi eſt un très-bel ouvrage. Quant à tout le reſte il n'y a rien qui réponde à la haute idée qu'il plait à Strada d'en donner quelque part, comme de la plus riche & de la plus belle Egliſe Flamande.

Le Roi parut fort fenſible au zéle du peuple. Il fut falué dans ſa marche par pluſieurs décharges de l'Artillerie des Remparts, du Port & du Château. On ſonna toutes les cloches de la Ville pendant une heure, lors de l'entrée, vers le midi, & depuis neuf juſqu'à dix heures du ſoir. Les Boutiques furent fermées par-tout & pendant tout le jour, quoique le Magiſtrat ne l'eût point ordonné.

Dès que le Roi fut arrivé à l'Abbaye, le Magiſtrat lui envoya le vin d'honneur ordinaire, qui conſiſtoit en un foudre de vin. Le foudre étoit doré par-tout, & on avoit peint ſur un fond les armes du Roi, & ſur l'autre celles de la Ville d'Anvers.

L'illumination fut générale & fort belle, celle de la Tour ſur-tout, dont le dongeon ſupérieur paroiſſoit être en feu, étoit très-bien entendue, & a pû être apperçûe de Berghen-op-zoom, de Breda, & même de Middelbourg. Le ſon de toutes les cloches & l'illumination furent réitérés pendant trois jours.

Le Peuple en un mot s'efforça de convaincre ce Monarque, par des acclamations continuelles de VIVE LE

ROI, & par toutes les marques pof-
fibles du plus tendre empreffement,
de fon zéle & de fa fidélité.

On remarqua que Monfieur le Prince de Campo-Florido étoit à cheval,
à la téte de cette augufte calvalca-
de, & que Monfieur le Prince d'Ar-
dore, lorfque le Roi revint de l'E-
glife, en faifoit la cloture en caroffe.
On ne s'imagineroit pas, fi on n'en
étoit témoin oculaire, combien ces
deux Miniftres font vûs ici de bon
œil, par les habitans de ces Provinces, dont la plûpart ont encore le cœur
tout à fait Efpagnol. (*a*)

(*a*) Les efforts que Philippe II. fit pour intro-
duire l'Inquifition dans les Pays-Bas, les fré-
quens envois de Troupes étrangeres, l'orgueil du
Cardinal de Granvelle, la cruauté du Duc d'Albe, & les guerres fufcitées à cette occafion, tant
avant que pendant le Gouvernement d'Alexandre
Farnefe Duc de Parme, rendirent aux habitans
des Pays-Bas le nom Efpagnol infiniment odieux.
La prudence & le doux gouvernement de l'Infante
Ifabelle - Claire-Eugenie & de l'Archiduc Albert
ramenerent peu à peu les efprits. Après la mort
de Charles II. quelques Provinces pafferent avec
plaifir fous la domination Françoife, d'autres y
pafferent avec peine, parce qu'elles foûpiroient depuis long-tems après l'indépendance.
La guerre allumée par les Alliés pour priver la

Le même jour 4 Juin, Monfieur de Bouflers fit un Détachement de fon Corps, fous les ordres de Monfieur le Chevalier d'Aguefleau, qui fe porta en avant vers le Corps de Monfieur le Comte d'Etrées.

Le 5 le Roi fe rendit à la Citadelle, dont il vifita tous les ouvrages. Depuis qu'on s'en eft rendu maître, on n'a pas ceffé de travailler à la reparer, & même à la mettre dans un meilleur état de défenfe qu'elle n'étoit avant le fiége.

---

poftérité féminine aînée de Charlequint, des Etats qui lui avoient été tranfmis par cet Empereur, caufa dans les Pays-Bas des révolutions qui oterent à leurs Peuples jufqu'au loifir de bien réfléchir fur leurs intérêts & fur les véritables difpofitions de leur cœur. Cette guerre fut terminée par le Traité d'Utrecht, en vertu duquel les Pays-Bas pafferent fous la domination Autrichienne. Cette révolution leur a été très-funefte à plufieurs égards. Ils ont vû depuis ce tems là la plus grande partie de leur argent comptant paffer à Vienne, leurs meilleures Fortereffes cédées à des voifins d'une Religion différente de la leur, leur commerce intérieur tomber dans un dépériffement total, & leur commerce dans les Indes fupprimé pour prix de la garantie de la Pragmatique-fanction, & pour maintenir le commerce de voifins qu'ils regardent comme leurs plus mortels enne-

Monſieur de Beauſobre qui étoit avec
ſon Régiment à Yſteghem , ayant appris que quelques Troupes Legeres
Autrichiennes s'étoient avancées juſqu'à Arſchot , paſſa la nuit en bataille, deux petits Détachemens de ſon Régiment l'un de ſeize hommes & l'autre de douze , envoyés en avant pour
obſerver les ennemis , ſe réünirent le
matin , chargerent un Corps d'environ quatre-vingts Huſſards , à quatre
différentes repriſes , & l'obligerent à
entrer dans ſon Camp , après en avoir

---

mis ; voiſins en effet qui ne cherchent qu'à les
empêcher de ſe relever jamais de l'état d'oppreſ-
ſion & de miſere dans lequel les ont réduits l'in-
différence de leur Souverain & les jalouſies de ſes
Alliés. Voilà pourquoi leurs cœurs , ſur-tout dans
les Villes & dans les Provinces les plus commerçan-
tes, ont ceſſé d'être Autrichiens, & ne ſoupirent plus
qu'après un Souverain particulier dont le gouvernement les rétabliſſe, dans leur anncienne ſplendeur
& dans leur ancienne opulence ; & comme ils ne
voient point de Prince plus capable de contribuer
à ce rétabliſſement , qu'un Prince de la Maiſon
d'Eſpagne , c'eſt cet intérêt naturel & national
qui a rendu leur cœur tout à fait Eſpagnol. On a
des témoignages certains que cet article eſt con-
forme au goût d'une infinité d'Eccléſiaſtiques &
de Séculiers , de toutes ſortes de conditions ,
dans Anvers , dans Bruxelles & dans d'autres
Villes marchandes. Ils ſeroient au deſeſpoir qu'on

tué ou bleſſé la plus grande partie, ſans autre perte que celle de quatre hommes & de neuf chevaux.

Pendant le ſéjour du Roi à Anvers, il fit pluſieurs Chevaliers de Saint Louis ; il acheta pluſieurs beaux Tableaux, dont il fit préſent au Maréchal de Saxe, & il mangea tous les jours en public.

Il donna à Monſieur le Comte de Clermont le commandement d'un Camp volant, compoſé d'une Brigade d'Infanterie, de trente Eſcadrons de Dragons, & de quatorze Eſcadrons de Huſſards. Le Prince a ſous lui Monſieur de Berchini, Lieutenant-Général, & Meſſieurs de Chevreuſe, de Beaufremont & de Froulai, Maréchaux de Camp.

Le 9 jour de la Fête-Dieu, le Roi ſe rendit à l'Egliſe Cathédrale, où il entendit la Grande-Meſſe, où l'Evê-

---

les réünit de nouveau par le Traité de paix, à la diſcretion d'Armées ou de garniſons Angloiſes, Hollandoiſes, Hanovriennes & autres, qui ne ſont compoſées que de gens qu'ils appellent en langue du pays *Geuſe-geſinne and Ketters*, des Gueux & des Héretiques : & qu'on leur ôtat tout eſpoir de rétablir un jour leur commerce.

que d'Anvers officia Pontificalement.
Ensuite il assista à la Procession du
Saint Sacrement , qui fut faite dans
un très-bel ordre. Tous les Corps des
Réligieux de la Ville s'y trouverent :
Sçavoir, les Minimes, les Capucins,
le Tiers-Ordre de Saint François, les
Augustins, les Cordeliers , les Do-
minicains, les Carmes & les Reco-
lets. Ils étoient suivis par la Livrée &
par les Confreries , après lesquelles
marchoient mêlés ensemble les Chanoines de l'Abbaye de Saint Michel
& ceux de la Cathédrale. Le Corps
de Ville précédoit immédiatement le
Saint Sacrement porté par l'Evêque
d'Anvers, & après le Dais venoient
Monsieur le Duc de Penthievre ,
Monsieur le Comte d'Eu & Monsieur
le Prince de Dombes , le Roi avec
un grand nombre d'Officiers de sa Maison & de son Armée. Aux deux côtés
de la Procession , marchoient tous les
bas Officiers de la grande & de la petite Ecurie avec des flambeaux chargés
à l'ordinaire d'un Ecusson de France,
les Hoquetons & les Gardes du Corps.
Les Troupes de la garnison bordoient
les rues par où la Procession passa , &
toutes les maisons étoient décorées avec

des flambeaux , des tableaux , des tapifferies & des Infcriptions.

Le lendemain , vers les trois heures après midi, le Roi partit pour Malines , efcorté par fa Maifon & par le Régiment des Carabiniers.

Je ne faurois taire fans injuftice, l'impartialité des Brabançons , même de ceux qu'on défigne dans le pays par le nom de *Noir*, & qui confervent leur ancien attachement pour la domination Autrichienne. Ils ont conçû pour leur Conquerant, toute l'eftime poffible , & s'ils n'aiment pas la Nation Françoife, ils paroiffent aimer dumoins très-fincerement la perfonne du Monarque. Ils chériffent & ils béniffent les jours qu'ils l'ont vû, & je les ai entendus fe rappeller avec les derniers éloges cet air affable qui annonce les vertus les plus populaires, foutenus par cet air Majeftueux qui annonce le defcendant de tant de Rois , le poffeffeur du plus beau Trône du monde, le Héros immortalifé par les Campagnes les plus mémorables.

ADDITION

AU

JOURNAL

PRECEDENT,

Contenant la Relation & l'explication
des préparatifs faits à Mons pour
la réception du Roi.

LES Etats du Hainaut conquis, le Conseil Souverain & le Corps de Ville de Mons, flattés de l'espoir de rendre à leur nouveau Souverain les hommages qui lui sont dûs, se préparoient depuis long-tems à donner à ce Monarque, des preuves éclatantes de leur zele. On a crû leur faire plaisir que de transmettre à la postérité, le détail des préparatifs qu'ils avoient faits pour sa reception.

On avoit construit à la porte du Rivage, une loge au dessus de laquelle on lisoit ce Chronographe :

EXTRVEBAT SENATVS VT LVDoVICVM
SALVTARET.

Erigé par le Senat pour rendre ses hommages à LOUIS.

On avoit peint aux deux côtés de la loge, la Prudence & la Justice avec leurs attributs, & le tout étoit couronné par les Armes de la Ville de Mons avec deux faisceaux, leurs supports ordinaires.

On avoit construit quatre Arcs de triomphe, qui représentoient autant de portiques.

Le premier étoit placé à l'entrée de la rue du Seminaire, auprès des Capucins.

Dans la corniche soutenue par quatre colomnes, on avoit peint Pallas & ses attributs. Cette Déesse tenoit une branche de laurier d'une main, & l'Ecusson de France de l'autre.

Les quatre colomnes supportoient sur deux alignemens, autant de Statues, dont les deux plus avancées représentoient la France & la Navarre, chacune avec son Ecusson.

Des deux autres plus reculées, celle du côté droit représentoit la Ville de Mons avec cette Inscription :

Novos parat triumphos.

Ma conquête prépare des nouveaux triomphes.

Et la quatriéme figure qui repréfentoit la Juſtice , ſoutenoit un autre
Ecuſſon avec ces mots :

Venire vincere eſt.

Venir & vaincre ne ſont qu'une même choſe.

L'Edifice étoit couronné par un piédeſtal où on liſoit ce Chronographe
auſſi naturel que d'autres le ſont peu :

ſIт ɣœLIX ғаVѕтVѕqVв

LVDоVICI Mоnтes

IɴтʀоIтVѕ !

Puiſſe l'entrée de LOUIS dans la Ville de
Mons être faite ſous d'heureux auſpices !

Et ſur ce piédeſtal , on avoit poſé
deux colomnes entre-lacées vers le
milieu par un bandereau flottant dans
les airs , & porté par deux Anges ,
avec cette deviſe :

Plus ultra.

On a donné à cette deviſe deux
explications différentes. Les uns pré-

tendent, qu'elle n'est qu'un souhait de voir en général, les conquêtes du Roi s'étendre au-delà des colomnes d'Hercule. Les autres, entrant plus particulierement dans les sentimens de deux Provinces voisines, la regardent comme une humble priere faite au Roi de porter ses armes dans un Pays, où ces armes puissent leur procurer pour toujours le rétablissement de leur ancien commerce.

Le second Arc de triomphe étoit dans la rue de Notre-Dame de Bonair, au dessus de l'Hôtel de Ligne, en montant aux Eglises de Sainte Valtrude, ou Vautru, & de Saint Germain.

Il étoit composé de quatre colomnes, qui portoient autant de statues, sur un même alignement.

Les deux statues du milieu présentoient chacune un Ecusson, dans l'un desquels on lisoit cette Inscription :

Virtuti nullus obex.

Sa valeur ne trouve point d'obstacle.

Et dans l'autre, on lisoit celle-ci :

Miratur Victoria arcum.

La Victoire même est étonnée de la rapidité de fa courfe.

Les ftatues des deux extrémités repréfentoient encore la France & la Navarre, avec les Ecuffons de ces deux Royaumes.

On avoit placé au milieu, une efpéce de piramide couronnée par les armes du Roi avec des branches de laurier pour fupports.

On lifoit au deffous cette Infcription :

Regi Montium Expugnatori.

Au Roi Conquérant de Mons.

Et plus bas cette Strophe prife d'Horace :

Teque dum procedis, Io triumphe.
Non femel dicemus Io triumphe,
Civitas omnis, dabimufque Divis
Thura benignis

A mefure que vous irez en avant, toute notre Ville retentira des vœux que nous ferons pour vos nouveaux triomphes & nous offrirons de l'encens aux Dieux pour vous les rendre propices.

Le troisiéme & le plus grand Arc de triomphe étoit à la grande place, à l'entrée de la rue de Nimi. Il étoit compofé de fix colomnes, fur deux alignemens, & chargées d'autant de ftatues repréfentant des Nations & des Villes : Chacune, à l'exception d'une feule, avoit fur fa tête une couronne civique.

Au bas & entre les colomnes du côté droit, il y avoit la ftatue de Mars avec cet Hémiftiche :

Marte metit lauros.

Par Mars, il moiffonne les lauriers.

Et au côté oppofé, il y avoit la ftatue de Minerve avec fon cafque & fon égide, avec cette Infcription qui finit le vers commencé dans l'Hémiftiche précédent.

Prœtendat victor olivas.

Par fes victoires il n'afpire qu'à la paix.

Derriere Mars & Minerve, on avoit menagé une efpéce de tente ouverte, d'une étoffe bleue & chargée de fleurs de lys d'or.

La prémiere des ftatues fupérieures,

du côté droit, préfentoit cette Infcription :

Pater fimul & Princeps.

Il eft en même tems & pere & Souverain.

La feconde repréfentoit la France avec l'Ecuffon de ce Royaume. La troifiéme tenoit un Ecuffon chargé de cette Infcription :

Quos vincit fibi devincit.

Il s'attache par l'amour ceux qu'il foumet par les armes.

La quatriéme préfentoit cette Infcription :

Imperio Regit æquus æquo.

Le Monarque & fon Gouvernement font également juftes.

La cinquiéme repréfentoit la Navar-
re avec l'Ecuffon de ce Royaume, & dans l'Ecuffon porté par la fixieme, on lifoit cette Infcription :

Addit vigorem artibus.

Il donne de la vigueur aux Arts.

Au deffus de l'arcade, il y avoit un

piédeſtal chargé d'une renommée fou-
lant aux pieds la rage & l'envie , &
portant une couronne Royale à la mo-
derne.

Il y avoit tout au tour ſix banderoles fleurdeliſées , dans deux deſquelles
on liſoit VIVE LE ROI. Dans d'autres , on voyoit le chifre de ce Monarque. Le cinquiéme & le ſixiéme
contenoient cette Inſcription :

Regis Adventus
O beata dies !

O que le jour de l'entrée du Roi eſt un jour
fortuné !

Au deſſous de la renommée , on a-
voit placé un buſte du Roi , & on a-
voit mis ſous ce buſte , le Chronographe ſuivant :

VIVAS , Iô (*a*) VIVAS
LVDOVICE , POPVLI TVI AMOR.

Vivez , vivez , LOUIS , le bien aimé de
vos Peuples.

Au côté droit de ce Chronogramme ,
on liſoit cette Inſcription :

____

(*a*) Chant des triomphes des anciens.

.... *Nomen in ultimas*
Extendat oras

Que son nom parvienne aux extrémités les plus reculées de la terre.

Et au côté gauche, celle-ci :

Quicumque mundi terminus obsistit,
Hunc tangat armis.

Puisse-t-il porter ses armes jusqu'au bout du Monde.

Celui qui a fait aux Armes du Roi l'application de ce passage, souhaite que les Armes de France soient victorieuses dans le nouveau Monde, plûtôt pour y reconquerir ou pour y conserver les anciennes acquisitions de cette Couronne, que pour y en faire de nouvelles ; sans quoi, sa pensée & ses vœux ne se rencontreroient pas avec les sentimens modérés du Monarque qu'il célebre.

Sur la même place & devant la Chapelle de Saint George qui est celle de la Maison de Ville, on avoit construit une grotte revetue en dedans d'une verdure de mousse, couronnée en déhors par une verdure de hou, & représentant plusieurs fontaines.

On avoit auffi préparé trois pirami-
des de charpente, pour les feux d'artifice qu'on devoit tirer le jour de l'entrée du Roi.

Le quatriéme Arc de triomphe é-
toit à côté du Gouvernement, préparé
pour le logement de ce Monarque.

Il repréfentoit, ainfi que les trois
autres, un Portique à quatre colon-
nes, chargées de ftatues dont l'une
préfentoit cette Infcription :

Expeditio Belgica.

Campagnes des Pays-Bas.

Et l'autre ftatue offroit cette autre
Infcription :

Victoria conftans.

La Victoire le fuit conftamment.

On avoit placé au milieu des ftatues,
les Armes de France, ayant pour fupports toutes fortes d'attributs militaires,
& au deffous on lifoit cette Infcription.

LUDOVICO XV.

Hannoniæ Metropolim præfentiá fuâ decoranti,

Imperii perennitatem novofque triumphos

Optat, precatur, vovet S. P. Q. M.

Le Sénat & le Peuple de Mons souhaitent un long Empire & de nouveaux triomphes, & consacrent ce monument à LOUIS XV. honorant de sa présence la Capitale du Hainaut.

Les principales parties de ces Arcs de triomphe étoient embellies par des dorures, par des chiffres du Roi, par des fleurs de lys, & par d'autres ornemens de l'art. Le tout auroit paru davantage, s'il y avoit eû plus de vivacité dans le coloris, plus de variété dans le deffein & plus de vie dans les figures. Tous ces Arcs étoient revêtus par derriere d'une verdure de hou, qui faifoit un fort bel effet, tandis que le hou conferva fa fraicheur.

Plufieurs particuliers fe préparoient de leur côté, à rendre l'entrée du Roi des plus brillantes : moins chagrins de l'inutilité des depenfes qu'ils ont faites pour cela, que d'avoir été privés de la confolation de voir un Monarque qu'il reverent & qu'ils aiment au dernier point. J'ai vû plufieurs de ces préparatifs. Voici le detail de ceux qu'une perfonne auffi refpectable par fes talens que par fa profeffion, avoit fait faire à très-grands fraix.

Ordre & explication de plusieurs Tableaux préparés pour l'Entrée du ROI à Mons.

Les tableaux dont il s'agit & qui ont été faits par un excellent Peintre, devoient être exposés sur la grande place & sur des tapisseries

Le couronnement devoit être un Dais magnifique sous lequel on auroit placé un embleme en peinture, représentant le triangle, figure de la Trinité. Le triangle est environné de la gloire & des raions du soleil, (*a*) & rempli par un œil emblême de la providence. Cet œil regarde favorablement trois lys sortant de la même tige, posés au bas de l'emblême entrelacés d'un cordon bleu. Ces lys représentent les trois souverains de l'Europe de la Maison de Bourbon, ainsi que les trois lys qui sont dans les Armes de France. Au dessous, la Ville de Mons est placée dans un lointain, & fixe aussi sous la domination des lys,

---

(*a*) Emblème appliqué aux Rois de France.

les regards favorables de la providence. Un Ange est placé au dessous de
l'emblême, & le soutient par le milieu,
& au dessous du tout, on lit le Chronogramme suivant double, & soutenu
par deux autres Anges.

LVDoVICE, In MEDIo soLIs et LILII
TRIpLICIs,
DEVs VnVs et TRInVs benigne aDest,

LOUIS, Dieu qui n'est qu'un quoique composé de trois personnes, anime bénignement le
soleil qui est votre symbole, & veille à la pros-
périté de trois lys.

Au dessous on se proposoit de ran-
ger sept emblêmes, entourés de car-
touche, ou d'une draperie d'un gout
exquis, l'emblême dominant, placé au
milieu, represente un lys posé sur le
sommet d'une montagne elevée, ayant
au pied & dans l'éloignement la Ville de Mons, a laquelle on fait toujours
allusion par les montagnes représentées
dans tous ces tableaux. On a inseré au
bas l'Ecusson de France, & plus bas
encore, sur un ruban serpentant artis-
tement autour du tableau, ce Chrono-

gramme double (*a*), le tout étant environné de branches de laurier.

LVDoVICVs, LILIVm Inter LItes noVosqVe

Inter LaVros Montes DeCorans

prœsentia.

LOUIS, conſervant au milieu des guerres & de ſes nouveaux lauriers la candeur des lys, & honorant la Ville de Mons de ſa préſence.

Aux cotés de ce tableau, on ſe propoſoit d'en mettre deux autres, de figure ſemblable entre eux, mais différente de celle du plus grand.

L'un offre à la vûe un Soleil dans le milieu dardant ſes raions de tous côtés, & faiſant naitre par ſa reverberation, quelque lumiere des montagnes d'alentour, avec ce Chronographe :

(*a*) Pour déchiffrer un Chronographe double, il faut mettre enſemble toutes les lettres qui comptent, & qu'il en reſulte deux fois l'année courante, par exemple, trois mille quatre-vingt-douze qui reſultent de ce Chronographe deux fois 1746.

LVDoVICVs, LVX phœbVsqVe regVM.

LOUIS est le modéle & le soleil des Rois.

Le tableau qui devoit servir de pendant à celui-ci représente un soleil éclairant de ses rayons une montagne, toujours par allusion au soleil symbole des Rois de France & à la Ville de Mons bâtie sur une haute coline. On y a ajouté l'Ange tutelaire de la même Ville avec sa devise. On lit au dessous ce Chronogramme adressé à la Ville de Mons.

Montes, LUDOVICUS XV. Rex & sol vester.

Mons, LOUIS XV. est votre Roi & votre soleil.

Aux deux côtés de ces trois tableaux, on en auroit mis deux autres, dont l'un représentoit pour emblême un lys planté sur une montagne élevée, couverte de neige en plusieurs endroits, avec la Ville de Mons au pied, & des piéces d'artillerie qui la battent. Voici le Chronogramme qui est au bas:

LVDoVICVs, CanDoRe nIX, et LILIVM INTER IGNES, MONTES ILLVstRanS.

K

LOUIS, confervant parmi les feux de la guerre une candeur dans les fentimens auffi pure que la blancheur de la neige & des lys, relevant l'éclat de la Ville de Mons.

Le tableau deftiné à fervir de pendant à celui-là, repréfente une montagne environnée d'une gloire, & éclairant les autres montagnes, avec ce Chronogramme :

LVDoVICVs XV. Mons absqVe sVppare reFVLgens.

Sous LOUIS XV. la Ville de Mons brille d'un éclat fans égal, *ou bien*, Louis XV. reffemble à une montagne qui repand un éclat fans égal.

Ce rang de tableaux auroit été terminé par deux autres d'un goût different des prémiers, & dont l'un repréfente pour emblême, une montagne environnée d'une gloire, ayant au pied la Ville de Mons qui eft éclairée, avec ce Chronogramme :

LVDoVICVs rEX, soL sVper MonteS AVgVstVs.

Comme un foleil, le Roi Louis repand fur Mons les influences les plus précieufes.

Le pendant contenoit un emblême à peu près dans le même goût, excepté l'ornement de la peinture, avec ce Chronogramme, faifant allufion, de même que tous les autres au nom du Roi & à celui de la Ville, où on l'attendoit.

LVDoVICVS REX, MONS SVPER EXALTATVS.

LOUIS par fa fermeté reffemble à une haute montagne.

Le tout devoit être embelli par d'autres ornemens, qui auroient mérité l'attention des perfonnes les plus curieufes, par l'invention de l'Auteur & par l'exécution du Peintre.

L'Auteur de ces emblêmes avoit auffi compofé une efpéce de Poëme pour convertir les Noirs, & pour leur prouver que quel qu'ait été leur attachement pour leur ancienne Souveraine, ils doivent maintenant toute leur fidélité au nouveau Souverain que la Providence leur a donné, jufques à ce qu'il lui plaife de les délier du ferment & de l'hommage qu'ils lui ont prêté. Ce Poëme contenoit beaucoup de circonftances rélatives à une entrée qui n'a pas eû

lieu, & c'est ce qui en a causé la sup-
pression.

On avoit composé d'autres Emblêmes, Inscriptions & Chronogrammes,
qu'on se proposoit d'exposer le jour de
l'entrée du Roi : En voici les principaux.

LVDoVICe, LILIVM TRIPLEX DIFFICILE
RVMPETVR.

LOUIS, il sera difficile de briser les trois Lys.

En faisant allusion ou aux trois fleurs
de lys qui sont les armes de la Maison
de Bourbon, ou aux trois Souverains
de cette Maison qui regnent en France, en Espagne & sur les deux Siciles.

LUDOVICUS bello & armis Mons invincibilis,
Æternis & piis dignus lauris

LOUIS, aussi inébranlable par les armes,
qu'une montagne l'est par les tempêtes, est digne
de lauriers éternels & les plus précieux.

LUDOVICUS, justitiâ in bello, sobrietate in vic-
toriis & lauris, Magno Alexandro major.

LOUIS, par la justice avec laquelle il entre-
prend la guerre, & par la modération avec la-

quelle il ufe de la victoire, eft plus grand que le grand Alexandre.

Victor venit in virtute Dei exercituum.

LOUIS Conquérant vient avec la force du Dieu des armées.

LUDOVICUS flos radians & lilium inter lilia exaltatum.

LOUIS eft entre les Rois, ce qu'une belle fleur eft au milieu des jardins, & ce qu'un lys élevé eft à l'égard des lys ordinaires.

Le Collége d'Houdain, qui eft le principal Collége de Mons s'eft diftingué dans cette occafion par un Poëme remarquable, & qui a pour titre *au magnanime & invincible Roi Très-Chrétien, Louis XV. Roi de France & de Navarre, pour fon entrée triomphante dans la Ville de Mons en Hainaut.*

Le Poëte s'excufe d'abord fur le choix qu'il donne à la langue Françoife préferablement à la Latine, pour célébrer les louanges du Roi. Après cet exorde tout à fait inutile, & qui n'eft pas afforti à l'élégance du refte, il vient au fait par ces beaux Vers.

Celui dont le pinceau de tendresse animé
Te caractérisa du nom de BIEN-AIMÉ,
Fit par ce trait charmant la plus juste peinture
Des présens qu'à LOUIS prodigua la nature.
Elle unit dans ton cœur au sang pur des Bourbons,
La douceur, la bonté, les plus beaux de ses dons.
La paix les fit briller sous l'olivier aimable ;
Et ton nom plus cheri qu'il n'étoit redoutable,
Par un tendre respect captivant tes voisins,
Dès long-tems dans les Cours décidoit leurs
   destins.
C'étoit assez, grand Roi, d'un si charmant empire.
Mais quelle ardeur nouvelle ! Est-ce Mars qui
   t'inspire ?
Un Allié t'implore ; & l'Europe soudain
Voit tes Guerriers pour lui les armes à la main.
Bien-tôt aux Pays-Bas l'on te voit en personne,
Mener tes Combattans sur les pas de Bellone ;
Et ce Roi pacifique à peine est sur les rangs,
Qu'on l'admire déja parmi les conquérans.
Menin, Ypres, Courtrai, Furnes & Lakenoque
Font, rendus en un mois, une éclatante époque.
C'est envain qu'un Héros qui sut passer le Rhin,
Y fit briller l'adresse & le nom d'un Lorrain ;
Vainqueur aux Pays-Bas, tu pars pour l'Alle-
   magne.

Fribourg, malgré Damnits, couronne ta campagne,

Et le printemps suivant à peine de retour

Te voit abandonner Versailles & la Cour.

Tu voles sans tarder de conquête en conquête,

Et déja vingt lauriers ont surchargé ta téte.

Je te plains, Cumberland, & ta noble valeur.

LOUIS avec son fils demeure ton vainqueur.

Gand, Bruge, Oudenarde, Ostende, Dender-
        monde,

Hâtez-vous, rendez-vous au premier Roi du
        monde.

La victoire incertaine, aux champs de Fontenoi,

S'est décidée enfin pour la Maison du Roi.

Dans leurs vaillantes mains, la palme ensanglantée

A rendu de Tournai l'espérance frustrée. (a)

Un seul jour, un seul coup décida de son sort.

Peu de tems, avec vous, y va joindre Nieuport.

Même avant le retour de l'agile hirondelle, (b)

Tes François t'ont conquis le Brabant & Bruxelle.

(a) L'original porte. *A fait fuir de Tournai l'espérance affrontée :* Ce qui m'a paru n'avoir aucun sens.

(b) Il y a dans l'original imprimé à Mons : *C'en est fait : De retour avant les hirondelles :* Ce qui m'a paru plus prosaïque que le vers que j'ai substitué a celui-ci.

Anvers fuit, Mons enfin paſſe auſſi ſous tes loix,
De la plus grande Reine au plus puiſſant des Rois.

Le Poëte implore enſuite la clémence de Louis en faveur d'un peuple *qui* lui *obéit, qui l'aime,* mais *qui adore encore,* dit-il, la Reine de Hongrie. Il eſt aſſez facile de ſentir la contradiction qu'il y a entre aimer un Prince & adorer ſes ennemis ; & on eſt d'autant plus étonné que le Poëte ne l'ait pas ſenti luimême. Après avoir paru ſouhaiter d'offrir à ce Monarque même, *un hommage auſſi pur qu'il eſt juſte & diſcret,* il juſtifie ainſi l'eſpéce d'adoration dont il a parlé.

Peut-on perdre en ingrats la Reine ſans égale
Dont le mal & le notre eſt qu'elle eſt ta rivale ?
Tu nous aimerois moins rampans ſous ton pouvoir ,
Qu'attentifs à remplir un reſte de devoir.

Il appelle donc ici un reſte de reconnoiſſance, reſte de devoir, les hommages ſecrets que le peuple conquis rend à ſon ancienne Souveraine : Reſtes de reconnoiſſance & de devoir, qui, devant Dieu & devant les hommes , ne font légitimes & excufables qu'autant qu'ils font féparés de l'efprit de murmure, de cabale & de revolte ; qu'autant qu'ils n'empêchent pas de former des vœux finceres pour la profpérité d'un nouveau gouvernement.

Le Poëte pouffe plus loin ce refte de zéle pour Marie-Therefe, qu'il traiteroit, dit-il, *d'incomparable*, s'il n'y avoit une LECZINSKI *dont la vertu fupréme, Pourroit aller de pair avec la vertu même*. Mais il craint qu'on ne lui reproche que cet éloge eft mal placé dans un éloge du Roi. A quoi il répond :

Ceffez de m'allarmer d'un ridicule effroi :

Vous raifonnez en peuple, & Louis penfe en Roi.

Les Souverains aux mains, dans leur cœur magna-
    nime.

Confervent l'un pour l'autre une fecrette eftime.

LOUIS le BIEN-AIME', devenu conquérant,

N'en eft pas moins humain pour en être plus grand.

Et j'oferois, grand Roi, menageant bien mon zéle,

La louer devant toi, te louer devant elle.

Le Poëte a dit *te proner devant elle* pour éviter la répétition du mot *louer*; mais cette répétition êft plus Françoife & plus poëtique que l'expreffion dont il s'étoit fervi. Quoi qu'il en foit des mots, venons aux chofes. Je doute, convaincu par mes propres oreilles & par mes propres yeux, qu'on ofât rendre juftice aux vertus du Roi de France, dans les pays de la domination Autrichienne, auffi librement & auffi impunément qu'on ofe rendre juftice à celles de la Reine de Hongrie dans les pays de la domination Françoife. Je reviens au Poëme.

Ah ! Puiffiez-vous unis rendre heureux par la paix,

Tes François, fes Germains, & tes nouveaux fujets!

Nous nous étions flattés, ignorant ton fyftême,

Que nous aurions l'honneur de nous rendre à
       toi-même,

Et Mons le boulevart du Brabant, du Hainau

N'en méritoit pas moins qu'Anvers & fon Château;

Mais ton ame au deffus d'une belle victoire,

Avec tes Généraux veut partager fa gloire.

Tu nous donnas dumoins un Prince de ton fang,

Conti, ton cher Conti, le Héros de fon rang.

Auffi vaillant qu'humain, il fait lancer ton foudre,

Hait de tout mettre en feu, de tout réduire en
       poudre.

Tu lui cédas ta gloire; il la foutient en Roi .....

Le Poëte demande enfuite la protection du Roi pour fon College *confervé*, dit-il, *par Conti*; & après s'être excufé de nouveau ſur le choix de la langue Françoiſe, lui qui *eût pû parler ſon La-tin avec moins de danger & qui n'eſt pas François-né*, il finit ainſ ſon Poëme :

Trop payé de ces Vers que ta gloire m'inſpire ;
Si tu leur fais l honneur de te les faire lire.

L'ingénieux Poëte a ajouté à ſon Poëme un Chronogramme François des plus jolis : Le voici.

ViVE LoVIs, NoTRE (a) GRAND VAINqVEVR !
VIVE SA FAMILLE RoIaLE !

L'Auteur de ce Recueil a copié & tra-duit tant d'Inſcriptions & de Chrono-grammes d'autrui, qu'il ſe flatte qu'il lui ſera permis d'inſerer ici au moins une piéce de cette nature de ſa façon : La voici.

Priere & Chronogramme qui annoncent que la paix générale ne ſera conclue qu'en 1747.

QVE DIeV VEVILLE NoVs RAMENER
LA PAIX EN EVROPE. AINSI SOIT-IL.

(a) Ce terme eſt ajouté à l'original, parce qu'il fait un ſens plus complet.

F I N.

TABLE

Des Matieres contenues dans ce Journal.

ERRATA.

P Age 1. *ligne penultiéme* fut , *lifez* luy fut.

P. 9. *ligne* 4. qui alloient , *lifez* qui lui alloient.

—*Ligne* 7. par le Doyen , *lifez* par les Doyens.

P. 15. *ligne* 1. précifément & , *lifez* & précifément.

P. 64. *ligne penultième* , *après* Oliva , *au lieu du point mettez une virgule.*

P. 69. *ligne* 1. au , *lifez* du.

P. 89. *ligne* 21. foutenus , *lifez* foutenu.

—*Ligne* 23. Roi , *lifez* Rois.

P. 95. *ligne* 18. femes , *lifez* femel.

P. 99. *ligne* 2. extenctat , *lifez* extendat.

9 782014 457551